U0898675

城市文化丛书

北京建筑文化研究基地资助成果

美国城镇土地用途变更的案例研究

陈　熙／著

中国财经出版传媒集团

中国财政经济出版社

图书在版编目（CIP）数据

美国城镇土地用途变更的案例研究 / 陈熙著. --北京：中国财政经济出版社，2021.1

（城市文化丛书）

ISBN 978-7-5095-7417-1

Ⅰ.①美… Ⅱ.①陈… Ⅲ.①城镇-土地用空间-研究-美国 Ⅳ.①F299.712.32

中国版本图书馆 CIP 数据核字（2017）第 075981 号

责任编辑：高树花　　责任校对：胡永立

封面设计：卜建辰　　责任印制：史大鹏

中国财政经济出版社 出版

URL：http：//www.cfeph.cn

E-mail：cfeph@cfeph.cn

社址：北京市海淀区阜成路甲 28 号　邮政编码：100142

营销中心电话：010-88191522

天猫网店：中国财政经济出版社旗舰店

网址：https：//zgczjjcbs.tmall.com

北京财经印刷厂印刷　各地新华书店经销

成品尺寸：170mm×240mm　16 开　9.75 印张　200 000 字

2021 年 1 月第 1 版　2021 年 1 月北京第 1 次印刷

定价：68.00 元

ISBN 978-7-5095-7417-1

（图书出现印装问题，本社负责调换，电话：010-88190548）

本社质量投诉电话：010-88190744

打击盗版举报热线：010-88191661　QQ：2242791300

写在前面

回想起来，我其实一向不给别人的书写序言，倒不是因为别的，而是总觉得自己的水平不够资格写序。为此，至今还欠着一个多年老友和一个学生，估计他们对我也很有些想法，因为事先我答应过，但是等到他们的书出来了，我的“序”也没见踪影。

过去，起码有近20年的时间，我一直信奉和遵循前辈学者生前谆谆教导的，“多读，多想，少写，别发表”。近20年来，一方面是觉得很多问题需要讨论甚至争论，不说不写，就无法讨论；另一方面，也担心说不好、写不好，不但对讨论无益，还有害。所以，至少在同辈学者中，我应是属于写得很少的。

但是对于陈熙这本书，我还是决定写几句。

一者她的博士论文是我带过的博士研究生中，很少（如果不是唯一）经匿名评审获得了优秀的，二者，她本人也是我几乎看着从一个大学毕业后就参加工作，后来又一边工作一边学习，自费去欧洲学了硕士课程，又离开原工作单位去了大学任教，再考了博士研究生，还选了一个一般而言国内博士生都不会选的问题作为博士论文的研究方向，几年下来，不仅取得了学位，更得到了答辩委员们一致好评，后来又得到了“优秀博士论文奖”，并且又获得留学基金到美国做博士后，期间她又对论文再做修改，这才有了呈现在我们前面的这本书稿。

这些当然都不是我的“功劳”。我指导研究生有很多年了，说是“指导”，实际上都是他们自己选题目、自己查资料、自己写作，我最多提点意见，给点主意，也未必都对，未必都适合。读很多同学写的论文，对我也是很好的学习和提高的机会。

目前，我国正在进行新一轮的城镇化建设，也涉及地用空间设计的调整。我国的城镇化建设道路，无疑具有中国特色，也应该走出自己的道路。但在时间上，美国的城市化历史及与之相伴随的城市地用变更过程，比我国要早，其间各种利益相关方的斗争也非常激烈。陈熙选择了对美国相关个案开展研究，并具体选取了美国的三个案例，通过对三处具体地用演化的分析，去分析其地用资源变更过程中背后的逻辑及问题的本质，这些都对我国当下的城镇化发展有所启发。

我自己早期的“研究”大都是围绕我国发展过程中的城乡关系开展的，也花了很多年的时间在偏远民族地区或农村基层开展实地调查，甚至做过很多与论文、专著毫无关系的务实调查。但是，我还没有针对调查中看到的问题去对国外包括欧美做过任何比较研究或专门研究，前些年刚到欧洲所时试图开启一项欧洲第三轮城市化的研究，也就刚开了个头而已；多年来也一直想就中美欧的发展道路做点比较，但是一旦做起来，才发现真是谈何容易。

这样来看陈熙的这本书稿，我觉得，她所选三个案例各有侧重，但都对我国当前城镇化进程中的状态有所启发。不仅如此，在分析与写作过程中，她还提出了一个三维的分析框架，第一是历史细节的维度，即从史实出发，围绕“是什么”的问题进行辨析；第二是权力分析的维度，偏重于政治分析的角度；第三是资本的时空维度，偏重于经济利益的角度，在更为宽泛的时间与空间视域中对历史进行理解。这是比较难得的，也是我们认识城镇化过程时需要的，甚至也是目前一些相关研究还比较欠缺的。

感谢这本小书对于目前相关研究的贡献。

是为序。

黄 平

2020 年 11 月 25 日写于香港中国学术研究院

前言

目前我国正在进行地用空间设计的调整。在时间上，美国的工业化历史及与之伴随的城市地用变更过程比我国的发展阶段要早，其间各利益相关方的斗争也更为激烈，因此对美国相关个案的研究对我国城市规划设计具有一定的参考价值。为此，本书选取了美国的三个案例进行分析，拟通过对这三处具体地用演化的分析，来窥测其地用资源变更过程中的逻辑及本质，从而对我国当下的城市发展有所帮助。

首先，为了厘清案例中各地用功能改变现象的背后，具体的动机、过程和动力，探索美国城市面貌变化是否存在某些逻辑，本书采用舞台比喻的方式，将纷繁复杂的地用变更社会场景加以简化叙述，采用该比喻的手法是在对复杂历史时间可叙述的同时，也照顾到案例叙述的全面性和客观性。本书所选三个案例各有侧重，但都对我国当前城市化进程中的状态有所关联。案例一是农业地区向工业小镇转型的案例，矛盾的焦点是劳资纠纷；案例二则涉及矿业开采所带来的环境矛盾；案例三重点展示了原先以港口运输、加工业为支柱产业的城市，进行产业转型，成为休闲、金融城市过程中的几个片断。

在分析过程中，本书提出了一个三维的分析框架，并以此对本书的地用变更的案例进行全面分析。这三个维度分析的层次关系：第一是历史细节的维度，即从史实出发，围绕“是什么”的问题进行辨析；第二是权力分析的维度，偏重于政治分析的角度；第三是资本的时空维度，偏重于经济利益的角度，在更为宽泛的时间与空间视域中对历史进行理解。

在第一章理论框架的基础上，本书对所述案例进行三维分析后得出的结论主要有：(1) 历史维度：美国工会组织及环保团体的行动很难摆脱基于自身利益的影响；种族矛盾的背后往往是利益问题；美国自由与正义的历史是被理想化了的；美国地方对地用变更的议题讨论，存在两极化，非黑即白的特征。(2）权力分析的政治学维度。分别从企业、政府及民众三大群体各自的权力分配、所掌握的权力资源、权力的来源、对权力资源的使用方式等方面对三个案例进行了分析，总结认为美国掌握资本的群体在“制度”与所谓“公正竞争”的外衣下，获得了更大的优势，更有可能在地用利益、权力的角逐中获胜。而他们的这种优势，被美国的土地制度、法律程序正当化、合法化了。(3）资本时空的维度。结合马克思价值规律公式，以及阿瑞吉和哈维等人的理论，分析认为三个案例所涉及地块看似处于美国地方层次，但在更长的资本主义历史发展过程中，却都受到资本体系周期发展的强烈引力作用。案例中美国城市产业转型在地方层面成功的同时，环境的污染、低廉、辛苦的劳动密集型产业实际上是被转移到了第三世界国家。这种对污染向第三世界国家的转移是案例中美国地方地用变更得以进行，当地经济得以继续盈利的基本条件。

最后在结论部分对美国的土地私有制，从游戏规则的角度给予了简略评述；并同时对比美国的三个案例，对我国的城市地用政策提出警示。

作　者

2020 年 12 月

目录
CONTENTS

绪　论

一、选题的由来及理论与实践意义

土地是复合型社会资源，而地用利益博弈是社会最基本也是最常见的群体利益角逐。目前在我国进行的第二次全国范围内的地用空间设计调整中，围绕地用再分配的纠纷始终没有停止过①，即出现地用冲突。在时间上，美国的工业化历史及与之伴随的城市地用变更过程比我国的发展阶段要早，其间各利益相关方的斗争也更为激烈，因此对美国相关个案的研究对我国城市规划设计具有一定的参考价值。而符合自身国情的、合理的规划协调机制的建设将从正面对社会发展进行积极引导，规避利益相关方争夺的盲动，增强地块规划的协调性和功能区划的合理性，是社会健康发展的基本要求。

为此，本书拟通过对美国三处具体地用演化的分析，来窥测其地用资源变更过程中的逻辑及本质，从而对我国当下的城市发展有所帮助。特别是具体到美国城市面貌变化的个案，其中不乏各种冲突与妥协。那么在每一块用地区划和功能改变的现象背后，其具体动机、过程及动力又是什么呢？城市变化是否又存在某些逻辑？希望通过本书的案例分析，或许能从微观的角度找到这些问题的答案，并对认识城市发展这一深刻的社会变化过程有所帮助。

具体来讲，本书拟从社会行为研究的角度来明确在具体的情境（context）下地物变化方式与利益相关群体之间的对应关系。通过场景复原的基本方法来了解利益博弈胜出的基本原因及其合理性。本书的案例阐释所采取的基本研究步骤为：排查文献，选取合适的研究对象，进行文献梳理，从中查找与具体地用变更相关的利益相关方群体，了解其利益诉求，明确地用抉择的细节，明确

① 张雅琼、杨子生：《我国两次土地资源调查的对比分析》，载《国土资源科技管理》2013 年第 2 期。

地用归属和地用划分结果，结合文献复原事件环境，判断主导因素。通过具体个案分析比较，提取与具体地用相关的社会因素、法律因素、经济因素、机制因素、政治因素等，并通过事件分析，明确不同要素的具体作用方式等。通过对案例的分析、解构，将地用变化的原因归结为不同利益群体的权力结构发生了变化或冲突；而地用变化的博弈过程则是这些权力进行角逐和讨价还价，最终妥协的过程。可以说，每一栋新建筑都曾经是舞台，在上面上演了一场或多场权力角逐的战争或游戏。

最后，虽然国外对于地用变更的著作颇丰，但大多数专著，由于常涉及作者的个人利益，因此具有各自的利益倾向。本书希望能够以一个局外者的身份，通过对美国几个城市中地块变更过程的个案分析，更为客观地分析、揭示城市地用变更背后的动力，阐释美国实践的利与弊。

二、国内外研究现状及文献综述

（一）国外研究现状

相较于其他古老民族国家，美国的历史很短，而与工业化发展密切相关的资本主义城市化最早可追溯至殖民地时期。在这三四百年的时间里，美国城市的规模与形态都发生了翻天覆地的变化，与之相关的城市历史、城市发展与城市规划思想专著也飞速发展并日趋成熟。

从殖民地时期到美国独立之后的一段时间里，美国的城市化发展是零星、缓慢的，同时大部分定居点以农业及经贸为主要经济活动形式。在一些定居点中，居民们以契约精神为基础，同时沿袭了欧洲宗主国的一些政治、社会架构来建立美国最初的城镇。如果将早期城镇规划的文本也算在内的话，殖民地时期比较著名并可查询具体信息的有费城（Philadelphia）、安那波立斯（Annapolis）、威廉斯堡（Williamsburg）、萨范纳（Savannah）等城市的建设规划文本①。在这些 17 世纪末、18 世纪初的早期文献中，地方政府拥有较大的自主权，并

① 它们是：William Penn 在 1682 年的费城规划；Francis Nicholson 在 1695 年的安纳波利斯城市规划和 1699 年的威廉斯堡城市规划；James Oglethorpe 在 1733 年的萨范纳城市蓝图。

继承了欧洲中世纪之后的自由镇和宪章城市的传统。此外，今天纽约、波士顿、底特律、新奥尔良、威廉斯堡等城市也都在这一时期开始建设，虽然难以考证这些城市是否有最初的设计文本，但不可否认的是，以上述城市的早期地图来分析，这些城市的初始布局一开始就带有一定的城市设计的痕迹。例如，街道成网状，并有一定的顺序等级；城内也有较为鲜明的中心区；同时各建筑之间都有一定的距离，并预留了一些形状较为规整的空地。然而在另一方面，这一时期，尤其是在美国独立前后也存在很多难以找到任何规划痕迹的城镇。这是因为，当时在商业利益的感召下，大量的欧裔移民涌入美国，并在短时期内迅速向西部扩散，因此这一时期的很多城镇是为了商业目的而出现的，基本很少考虑城市的规划或结构上的问题，并处于某种无政府状态。

之后一直到19世纪中叶，美国关于城市的研究文献是零星出现的，并多为技术性的历史叙述，其性质有点像我国的“地方志”，并不以阐述学术思想为目的。而真正意义上的美国城市史研究仅有不到1个世纪的历史。其中，阿瑟·施莱辛格（Auther M. Schlesinger）1933年的《1878～1898年间美国城市的兴起》一书，揭示了美国城市与工业化之间的密切关系。其作品颇具价值之处在于，相比先前仅呈现事实的“地方志”叙述，阿瑟·施莱辛格首次对城市的历史进程提出了自己的解释，深刻影响了之后美国城市史的研究，是具有开拓性的。

在此之后，自20世纪起出现了大量关于城市史研究的论文和专著。这些论述根据结论的侧重点可以分为几类。第一类是以美国历史上的某个时期为时间限定，阐释该时期内的美国城市发展规律及特征。例如，威廉·克罗侬的《自然都市：芝加哥和大西部》[1] 一书中阐释了芝加哥城市与其周边广袤的西部农林区间的共生关系，认为乡村与城市并非对立的两极，而是彼此依赖的存在：乡村为城市的崛起提供了资源与原材料，而城市的需求则是乡村大规模生产及物流运转的原动力；再如，迈克·戴维斯的《水晶之城：窥探洛杉矶的未来》[2] 考察了洛杉矶在成为世界大都市的历史过程中，各种复杂的权力关系如何运作，

---

① William Cronon, Nature's Metropolis: Chicago and the Great West, New York: W. W. Norton & Company, Inc. , 1992.

② 迈克·戴维斯著、林鹤译. 水晶之城：窥探洛杉矶的未来. 上海人民出版社 2007.

相互影响，并塑造着洛杉矶的繁荣。通过对洛杉矶城市中形形色色群体的描述，无论是来自海外的日本资本，还是本地黑帮，无论是警察部门的生存之道还是无家可归的人或神秘主义群体，无论是天主教会还是街头的吸毒、贩毒者，似乎毫不相干的群体却在利益上有着千丝万缕的联系。作者最后认为，繁华光鲜的城市面貌，掩饰了洛杉矶被各种极权控制的公共空间，并慨叹了这座城市对大多数群体而言，意味着消逝的过去、失败的梦想和无法变为现实的愿景。查尔斯·盖茨的《城市在西进运动中的作用》一书，着重叙述了美国西部农业与相关城市发展的关系，并认为城乡关系是处于动态中的：城市与乡村间的平衡，在西进运动过程中，不断变化、运动，城乡平衡被打破、重归、再打破。

第二类侧重于城市的民族与文化特征。例如，拉尔夫·韦尔德在其《典型的美国城市布鲁克林》一书中考察了布鲁克林上层人物的背景，发现他们均来自美国新英格兰地区，而来自欧洲的新移民很难再一两代的时间里爬到城市的上层阶级。而奥斯卡·汉德林在《十九世纪中叶美国中西部城市化的诸类型》一书中，重点考察了美国西部城市的市政活动及特许状情况，发现这些西部城市在很多方面都在模仿东部城市，因此得出结论，美国虽然是个移民国家，各欧裔移民背景虽不同，但到美国后文化逐步趋同，也就是杨基文化“Yankee Culture”将广袤的美国合为一体。

有关美国城市史的第三类著述也很多，这一类作品侧重于揭发、反映、批判社会问题，如克利福德·佩顿的《1875～1900年间市政改革之战》、哈罗德·金柯的《美国的城市老板》等。

（二）国内研究现状

我国国内对美国城市史的研究起步于20世纪80年代末，所关注的焦点主要有：美国城市化（郊区化）进程、区域发展、市政政策、黑人问题、移民问题、宗教问题等。其中较有影响的研究美国城市史的学者有王旭等著有《美国城市史》《美国城市发展模式——从城市化到大都市区化》等多部著作；还有孙群郎先生的《美国城市郊区化研究》；梁茂信老师的《1860～1920年以来移民对美国城市化的影响》《都市化时代——20世纪美国人员流动与城市社会问题》；金卫星的《论宗教在美国城市化过程中的作用》等。此外，还有为数众多的针对某一美国城市变迁史的论文，大多着力揭示单个社会、政治问题，但总的来说缺乏较为系统的多层面、多角度分析。本书则试图建立一个三维的分析框架，较为全面地看待城市的变迁与发展。

三、本书结构及主要内容

根据本书所采取的案例研究分析方法，本书共分为六大部分，由绪论、理论框架、三个案例章节，以及最后一章的案例分析和结论构成。

绪论部分阐明选题的由来及理论与实践意义，并通过对国内外相关文献的梳理，发现问题，提出以案例分析为主要的研究方法、明确本书的主要研究内容及创新点。

第一章是理论框架部分，提出对案例进行分析的基本理论框架。为避免对历史事件的叙述过于庞杂破碎，本章第一节提出"舞台比喻"的假设，将地用变更事件所处的经济、社会、历史等背景条件比喻为舞台的布景；大众观念、社会文化与思潮作为舞台音乐；而在城市舞台上所上演的具体的社会互动则相当于舞台剧的情节，其中各社会群体与利益集团组成了舞台人物，并按照角色特点又进一步分类为企业方、政府方，以及居民等草根社会活动团体。之后，本章展开了对"隐匿的后台"的联想，认为在地用变更的城市表现背后，往往隐藏着社会互动的本质，掩盖着权力与资本的力量与规律。因此第一章的后两节分别从权力分析与时空资本分析两方面对现有理论与观点进行了梳理与阐释。第一章第二节首先阐释了马克思学派及福柯的权力观，之后过渡到权力运作的三个层面，即基础决策权、非决策性权力，以及文化与意识形态统治性权力的概念等。而具体到美国地用变更背后的权力博弈特征，又有精英论与多元论的讨论，两派学说在解释美国地方政治过程的规律现象方面，各有千秋。而本书又通过分析认为，两派看似对立的学说实际上在本质上是相通的，特别是从美国的地方政治制度层面来看，存在着"体制性眷顾"，使得某些群体，特别是掌握着资本的企业方，常处于竞争的有利位置，甚至在无意中获得了具有偏向性的体制所带来的好处。本章第三节则跳出地用变更过程中对所处城市内部权力的分析，以更长的时间与空间视角对资本运行的规律进行阐释。首先，马克思对资本积累的 M－C－M′（资本—生产—更多的资本）公式也可运用到美国地用变更中资本的作用分析上，即空间的生产。对东西方城市变迁史的梳理与阐释表明，城市布局与建筑样貌，是其所处时代空间生产的累积与表现。因此美国城市的历史变迁，也是资本权力不断积累与扩张过程的一部分。而全球化则是这种积累与扩张达到一定程度的产物。具体到本书的案例中，全球化的商品生产与交换体系一方面推动了美国地方地用变更的过程与结果，另一方面也造就了发达国家与发展中国家“不平衡地理发展”的现实。

第二章至第四章分别以“舞台比喻”的形式叙述了三个美国地方地用变更的案例。三个案例的选择基于本书的主旨，在时间、地点、“舞台人物”及相互斗争的方式等方面均各有侧重。第二章案例一涉及西弗吉尼亚山区从小农业地区转为矿业小镇地区的地用变更过程。案例的时间为一个世纪前，侧重于揭示居民劳动群体在当时社会及经济制度中的地位、权力、生活境况，及其与其他“舞台剧角色”群体进行斗争的情况、所采取的策略，斗争的后果和结局。第三章案例二为同一地点，不同时代背景下，矿业小镇对开山采煤的斗争过程。案例的叙述偏重于法庭判例背后的权力角逐，目的是揭示美国地方司法体系背后，权力与资本是如何运作，并对地用斗争结果施以影响的。第四章案例三地点转为旧金山的港口区，时代背景则与上一个案例相似。在港口区的地用转型过程中，针对土地归谁所有、进行何种空间“再生产”，以及建立新的土地用途后，该地块如何运营，各方如何获利，获利多寡等问题，“舞台”上的各利益体进行了激烈的角逐。较之前两个案例，此案例的叙述重点放在了大企业与政府部门如何在当地的政策架构框架内，进行博弈与合作的。同时，旧金山港口区在从制造业城市向“后现代”城市的转变过程中，地方资本与权力体几乎时时受到了全球化进程的影响。甚至可以说，没有资本的全球化，旧金山海港区的地用改造很可能并不乐观。

第五章基于对三个案例的阐释与分析，与第一章的理论框架部分相呼应，提出了对地用变更进行分析的三维框架。第一个坐标轴是历史细节的维度。综合三个案例，分析结论突出了四点：（1）美国工会组织及环保团体的行动很难摆脱基于自身利益的影响；（2）种族矛盾的背后往往是利益问题；（3）我们所读到的美国自由与正义的历史，在某种程度上是被理想化了的，有偏向性的叙述；（4）美国地方对地用变更的议题讨论，存在两极化，非黑即白的特征。第二个坐标轴是权力分析的政治学维度。分别从企业、政府及民众三大群体的各自的权力分配、所掌握的的权力资源、权力的来源、对权力资源的使用方式等方面对三个案例进行了分析。第三个坐标轴是资本时空维度的分析。通过对三个案例的叙述发现，地用变更不光是以资本、利润及投资为中心的竞争，而且相应的地方市政、法律规则也对商业群体有明显的偏好。例如，商业群体的特别利益往往被粉饰为共同利益和普遍诉求，掩盖了其他群体的可能诉求。在全球化的今天，跨国公司的生产运营体系使一些国家的经济结构成为跨国公司生产体系中的某个循规蹈矩的部件，决定由谁生产，如何生产，也可以看作是一种资本权力。

最后本书回到绪论中所提出的主题，对我国土地用途调整过程进行简单思索，并对“权力、资本”与“公平、自由”的概念加以引申。

四、研究方法与研究思路

本书主要采取案例研究的方法。主要是考虑到，作为博士论文而言，其论述应当甚为具体，因此，将论述的空间层级进行确定是十分必要的任务。在这个前提下，应当考虑将研究对象的空间尺度落实在较小的功能地块上。从这些小地块地用的变化过程中去拓展相关的变化背景相对可靠，而不是直接在城市发展的逻辑上去考虑，原因很简单，脱离开具体的小地块去谈论城市发展，是毫无依据，也难免空洞的窠臼。因此根据本书的研究性质与基本需求，采取案例研究的方法较为可行。本书案例遴选的基本原则是：（1）存在地用原则冲突；（2）利益相关方明确；（3）利益相关方地用需求明确；（4）文献档案相对详备；（5）三个案例的地用类别样本多样；（6）地用空间尺度较小。

通过对海量文献进行排查，本书最后确定了符合上述条件的三个小地用变更的案例。案例一围绕从农业经济向矿厂用地的转变过程中的矛盾展开，就业与收入是冲突的导火索。案例二的斗争焦点在于对开山采煤的争论，发展与环境的矛盾是法庭辩论的中心。案例三的地用变更则涉及从码头运输、制造业向金融、消费区的产业转型过程，更大的背景是全球化带来的世界产业链与劳动分工。此外，这三个案例的选择不仅考虑到地用类别上的多样性，而且在发生的时代背景与地理位置上也具有一定的可比性和差异性。案例一与案例二地理位置相同，发生时间相差一个世纪；案例二与案例三时间相似，地点分别处于美国内陆的阿帕拉契亚山区和西海岸的大都市。

之后，本书根据案例分析的基本要求，对三个遴选出来的案例的原始资料进行分类整理，包括：(1) 地用变更沿革过程；(2) 具体地用分配事件过程；(3) 具体地用争夺过程中的利益相关方群体；(4) 群体诉求各方认定；(5) 利益诉求协调或角逐过程还原；(6) 地用角逐结果认定；(7) 地用角逐结果成因分析；(8) 系统化与相关社会机制提炼。而在本书的案例叙述中，具体的语境解剖是通过“舞台比喻”的形式进行事实排列与再叙述的。通过对舞台比喻中，舞台背景、音乐、人物、情节以及结局等各方面的叙述，阐释了这三个案例中，地用变更冲突的具体操作过程，明确了其中地用相关利益群体诉求的平衡机制，以及在此过程中所有参与者（包括政区管理者）的角色状况。以便最终明确不同利益诉求、命运的相似性和不似性，以及主导原因、重要性分层等。

最后，本书提出了以历史细节、权力分析和资本时空三个坐标系为基础的三维分析框架，并以此框架对上述三个案例进行整合性的分析，得出最终结论。

五、本书的创新点及难点

本书的创新点在于：(1) 选取案例分析作为研究美国地用变更的切入视角；(2) 使用“舞台比喻”的方式对美国地用变更的历史事件进行叙述；(3) 提出了对美国地用变更历史进行分析的三维框架。

但由于时间及能力所限，本书对资料的搜集和全面阐述有一定的难度，特别是尝试性建立的三维分析框架，因为是初次提出，分析可能不够深入，并存在一定的理论缺陷和解释力不足的问题。对于这些盲点，期待各位学者的指正与帮助，以便做出修补。

第一章

理论框架

第一节　地用变更过程的舞台比喻

一、舞台比喻

在城市中所发生的各种冲突、斗争、合作等看似纷繁庞杂又毫无头绪，这样一来观察不同的单个事件时，就难免会因为太过宽泛庞杂，而使叙述或分析显得支离破碎。受到戈夫曼《日常生活中的自我表演》一书的启发，同时为了尝试着找出可以把这些纷繁的元素整饬起来的规律，本书选择舞台比喻的形式作为叙事的框架，对案例中所呈现的城市结构和社会权力的关系进行分析。选择这一叙述框架不仅将原本复杂多面的历史过程得以简化明确，同时也能照顾到历史事件叙述的全面性与公正性。

在将城市中的社会冲突与互动比喻为舞台剧的过程中，舞台背景相当于事件发生的经济、社会、历史条件。在舞台剧中，布景的设置不仅预示了事件发生的环境，而且从另一个角度来讲，也对情节的发展范围进行了局限。而在城市舞台上，当时的经济状况、社会矛盾，以及历史沿革，都为事件发展的方向与方式设立了边界。例如，在就业紧张、失业率高涨的舞台背景下，人们对环保问题的考虑就不得不受到当时经济条件及发展阶段的制约，而不会脱离现实情况肆意发展。任何城市、社会、事件的出现都是建立在之前的历史基础之上的，没有任何一个地方或事件是凭空出现，毫无历史渊源的。而且在任何事件的叙述中，我们也不应脱离其历史及现实背景的观察。在现实中，不同的国情与背景产生了不同的制度与文化，而且作为制度与文化的上层建筑是建立在经济与物质发展的背景之上的。城市空间是无法与经济、政治和历史等更大形态的各个方面相脱离的。

舞台音乐的作用是对情节进行渲染，并奠定情绪基调。在城市舞台上，社会思潮的作用就类似于舞台音乐。大众观念的走向同音乐一样，具有偏向性，这直接影响到各舞台人物的表现和动作。但是，社会舞台上的音乐并非由某个个体随心所欲地奏响，而是建立在当时的社会经济背景之上。马克思的著作清楚地指明，人们的社会存在决定人们的意识："人们在自己生活的社会生产中……产生同他们的物质生产力的一定发展阶段相适合的生产关系。这些生产关系的综合构成社会的经济结构，即有法律的和政治的上层建筑竖立其上，并有一定的社会意识形态与之相适应……物质生活的生产方式制约着整个社会生活、政治生活和精神生活的过程。不是人们的意识决定人们的存在，相反，是人们的社会存在决定人们的意识"①。也就是说，当时的经济结构决定了人们的思想认识。当社会的物质生产力发展到一定程度，经济基础的改变，使当时建立在其上的生产关系不再适用于改变了的物质基础时，作为思想的意识形态等上层建筑才会或快或慢地发生改变。在案例一阿帕拉契亚煤炭小镇的环保斗争中，正是因为当地工业化发展到一定程度，在相对充裕的经济基础之上，环保问题才会引发人们的关注。也就是说，阿帕拉契亚煤炭小镇故事的情节发展到一定程度，人们已解决了温饱问题，这时城市舞台的音乐才有可能随之转向，并影响人们之后的行为方式。而这个社会思维转换的过程有时需要知识分子的启发才会发生，所谓"人们自己创造自己的历史，但并不能随心所欲地创造"②。

在舞台背景、音乐的限制下，舞台情节才得以发展。本书将城市中各种社会互动比喻为舞台剧的情节。城市空间是重合的、多维的，不同的事件在同一地点或时间交叉；而从不同的角度来看，社会互动的样貌也有所不同。在巴尔的摩的某个街角，毒品小贩们在兜售海洛因，学生们刚刚下课，一位政客的车正在驶过。这可以是一部警察与缉毒的舞台剧，也可能是不同种族学生的教育

① 马克思：《政治经济学批判》导言。

② 马克思：《路易·波拿巴的雾月十八日》，1851 年。

差异问题的抗争，或是政客如何争取再次当选的权力游戏。而从不同群体身份的角度观察同样的问题，同一时间与地点的人们则可能生活在不同的世界与轨道中，甚至在同一机构的两个人从自身出发，对周围事件的感知也不尽相同。在舞台剧的比喻中，不同的身份群体对剧本与情节的阐释也会迥然不同。因此，社会互动作为舞台情节是发生在某个时空中的，社会群体如何表演，人们如何进行社会互动固然重要，但该舞台情节如何被观察也十分关键。在本书选取的两例美国地用变更的案例分析中，我们并不处于舞台剧中任何一个利益相关方，这使我们的角度更像是置身于舞台之外的观众。但是不同的观众对同一剧目的解读也常千差外别。因此，本书也无法逃脱个人经验的局限，所作出的分析与总结并不是完整的也不是最终的答案，而更像是某个观众对剧情的一种解读。

除去舞台的背景、音乐、情节外，还有舞台人物的形象、角色，舞台剧的剧本，以及舞台前后等元素出现在本书的叙述中。对于舞台人物来讲，人们从公司走到商店，又从商店走向娱乐场所，随着地点的移动，身份也发生变化，从雇员到消费者，从劳动者到娱乐者，我们扮演的角色也随之发生变化。在各种角色的切换过程中，个体职业对个人在社会互动中所表现出来的性格、立场、利益诉求和行为方式的影响都是至关重要的。为此，本书下一部分将专门对城市舞台上演员的角色加以分类阐述。之后还将单列一章讨论舞台前后的比喻，即隐匿于舞台背后，我们所看不到的那一部分后台行为中，可能发生了什么，或存在何种规律?

二、舞台上的人物

在城市关于权力斗争舞台的比喻中，不同的社会或利益群体可以看作是舞台上的“演员”。在我们之后所列案例的不同场景中，由于共同的诉求和背景，人们组成不同的群体。其中的一些群体可能会结成暂时的联盟，相互合作；而另一些时候则分别利用其掌握的资源进行斗争与角逐。对“演员”群体的界定可以根据共同的利益诉求和话语表现来将该部分人群划分为一个个力量群体。总的来说，本书将演员的角色大致分为三大类：生产经营企业、政府和司法系统、公民。

（一）企业

企业在作为政治舞台的城市中，为社会创造价值，为政府等公共服务部门交纳税款，并为公民提供就业。可以说，在美国社会中，工商企业占据着十分核心的地位，而他们的经济影响力就是其权力的主要来源，常常在地用变化“舞台”上扮演最重要的演员。在资本主义社会系统中，社会的资源流动需要通过各种不同企业进行直接的投资、生产、流通等。对政府来讲，良好的经济状况对就业率以及税收是至关重要的，因此生产、经营企业的利益常常被放在政府政治日程表的首位。对于各色企业来说，它们的利益使在“舞台剧”中极力希望在少交税的同时，获得更多的政府服务。对政府所主导的公共支出的用途，不同的舞台角色之间（即不同工商企业之间间、企业与居民之间等）很可能会发生冲突。这时各个企业就会试图游说，或向政府施加压力，以便政府的公共支出对自己的产业更为有利。而相对于一些偏向平等与福利的欧洲城市政府来说，美国的市政府更崇尚自由竞争，因而相对欧洲更利于工商企业的利益，而且从人们的观念方面来讲，企业的利益也已经深深扎根于美国社会的主流意识形态之中。

对于美国工商企业权力的主导地位，或许会有人提出，这些厂商虽然具有经济上的影响力，但是在美国的民主制度中，企业并不能垄断投票权，即便这些企业可能或是间接地、非正式地花钱来买选票。在这一方面，丽莎·班顿（Lisa Benton）等一些学者的研究颇具参考价值。例如，位于美国波士顿以西的小城锡拉丘兹早在20世纪上半叶，就已发展了大量化工企业和制造业，按此推论，在20世纪中期该地的空气污染就应该非常严重了。但事实是，直到1970年以后，污染问题才被当作政治议题开始加以讨论。笔者分析认为，除了民众对环境的认识之外，锡拉丘兹的化工企业作为当地的支柱产业，与该城的经济基础息息相关。正是碍于化工、制造企业强大的政治与经济权力，污染问题才一直迫使政府没有将其作为重要的议题加以讨论，而直到70年代后才出现在公众议题上。而即便如此，当时的大企业也在运用其经济、政治影响力试图左右科学研究的结论。克伦森（Crenson）将这种现象称为“空气污染的非政治化”[①]。这些作品均以例证研究的方式对各色企业如何通过直接或间接的方式掌握着政治权力加以了论证。在本书的案例中，企业的利益常常间接地通过其与政治精英的关系，以及该企业在本地区政府上的财政实力得以获得保护。此外，企业还可以通过另一条更加隐蔽的方法来对政治议程及斗争结果进行影响，也就是通过媒体、宣传、教育、科研等方式对政府进行游说，对民众进行观念的引导。在这方面，法国的福柯曾研究了学校、监狱、精神病院等我们司空见惯的机构，对这些机构的权力本质进行了解构，揭示出现代资本体系是高度结构化的。知识被不断地建构起来，这些对现代制度进行阐述的知识如此深入人心，以至于被建构了的知识支配了人们的思想，获得了正当性与合理性[②]。而观察美国企业的利益，确实已经在一些城市中被当作了“全体的利益”而使居民得以接受。例如，以里根、撒切尔的政策为代表的凯恩斯主义意识形态就十分偏向企业的利益，认为企业比政府更有效率，从而使商业精英获得了更大的发展空间。生产、经营企业还喜欢以经济增长为主要目标的城市，本书的案例也选择了这样一些例子，如西弗吉尼亚的矿业小镇中，煤炭厂家极力推行经济增长的核心作用，与本地有影响的政客、商会，中小学校、科研单位，报刊、电视等媒体通力合作，使生产、经营企业的利益主导了美国城市的政治活动。

而在全球化的今天，资本具有比以往更大、更强的流动性。企业家的投资、撤资也有了更大的政治权力。特别是那些厂家遍布不同地区与国家的公司，其是否会在某个城市进行投资，或威胁撤资等行为会对当地的就业和税收产生很大的影响，从而给所在地政府造成压力。特别是制造行业等劳动密集型产业，并没有什么特别的办法使工厂必须在某个国家或城市。而相对于全球化背景下增强了的资本流动性，国界与国籍的限制却更加严格，劳动力的流动性相对较低。这样一来，就使劳动力的价格在发达国家与发展中国家间产生了极不平衡的现象。正是在这样的结构下，才能保持美国劳动力较高的工资，同时使低价劳动力严格局限于发展中国家中，并使发展中国家的城市为争取资本投资而相

① M. Crenson, the Unpolitics of Air Pollution, Baltimore, Md: Johns Hopkins University Press, 1971.

② 米歇尔·福柯、刘北成、杨远婴译. 规训与惩罚. 生活·读书·新知三联书店，2012.

互竞争，不得不压低劳动力价格，以防止外资制造业转移到成本更低的地区。于是，跨国公司在这种争夺中渔翁得利，获得了绝大部分利润。今天无论是耐克的鞋子还是苹果公司的电子产品，中国工人劳动所分得的利润都微乎其微。可以说，不发达国家与发达国家之间贫、富，多、寡，以及环境恶化与改善之间的差别关系，正是这个全球化资本体系中相互依赖存在的两方面，而且其中一面是以另一面为存在条件的。在某种程度上，跨国公司的区位选择能力已经成为一种重要的国际政治经济权力，这使其稳坐利润金字塔的顶层。

（二）政府

在美国，政府的规模在20世纪持续扩大，同时政治资源的分配一直都是不平等的。总的来说，政府在很大程度上代表了大企业、大资本家的利益；不过也不能说美国政府就是企业家利益的代言人，因为政府同时也需要考虑公众压力。总的来说，政府一方面对地用变更舞台上，不同舞台角色间的竞争进行调停与裁决；另一方面，这个裁判不光偏向于拥有更大权力的企业群体，而且政府本身也是剧情发展的角色之一，同时参与到权力的角逐游戏之中。可以说，政府的偏向性参与是美国地方政治制度运行法则的必然副产品。因为美国的民主体制，并不意味着每个人拥有同样的政治决策或影响力，而仅仅是提供一个相互竞争的平台。而在美国政治现实中，政策制定者的出发点常常是为了自己的政治前途、能否继续当选、权力、声望，或是金钱等。他们会更多考虑社会上“声音最大、投票最多”的利益群体，权衡其政策对政党、选举、权力等的影响。因此，那些更有权势和实力的群体必然总是能在角逐中获胜，即便这部分群体的人数只占全体市民的一小部分。这样美国地方政府在对公众事务进行干预的过程中，其最后的政策就在一定程度上反映了不同舞台角色间权力角逐的结果。美国社会贫富的极大差距导致那些最贫困的底层人群缺乏政治上的代言者；而那些已经形成了自己的利益集团的群体，则更有利于争夺更多的资源与财富。如果这时相对于企业一方，居民数目庞大，诉求强烈，但权势又远远不及企业方的话，政府这个裁判就很有可能“吹黑哨”，这时走投无路的一部分公民群体就很有可能结成示威抗议，甚至武力斗争的联盟，给予政府更大的社会压力。以期这些街头运动对社会力量的平衡产生影响，从而使政府迫于社会不稳定的压力而对其决策倾向产生改变。在这一舞台权力角逐过程中，舞台角色间的权力变换、政府受到的压力影响等方方面面都会处于互相的变动发展之中。

美国的福利制度就是一个美国公共政策更偏向于富有的大企业的例子。美国的福利制度相比于欧洲福利国家来讲，并不十分慷慨。例如，瑞典社会开支占其 GDP 的比例高达 32%，法国 29%，丹麦、德国 28%，英国大约 23%，而美国则不到 17%[①]。特别是美国的全民医疗保健制度一波多折地到现在都还没有完全建立起来。我们知道，一般来讲，一个国家福利与保障的来源是市场。英国等欧洲国家在战后出台了大量公共福利性政策，而那时欧洲的经济根本无法跟战后的美国繁荣时期相比。其中的一个原因有可能是第二次世界大战后，英国等国家面临的社会压力要比美国的大。当时欧洲底层阶级在社会上的负面状况比美国严重得多，如果这种压力时间久、积攒得足够强烈的话，就会引发质疑政府能力的正当性（或合法性）危机。因此，这些欧洲国家在第二次世界大战后建立福利制度的主要目的是确保大量非熟练农村人口在年老时能够获得一定的保障。

关于美国联邦政府与地方政府的关系，从历史而形成的传统是，联邦政府对地方的管控给予了较大的自主性。因此，在美国有的州废除了死刑，有的州则没有；相对开放的加州承认同性婚姻合法，而中西部地区则对这方面比较保守。相对来讲，美国的联邦政府的政策重点在于国民经济等宏观问题；而地方政府则更多考虑本地事务及选民意见。本书所选案例基本都发生在地方层面，因此对美国地方政府的不同权力组织模式需要有一个大致的叙述与区分。美国的市政体制主要有市长—议会制（mayor - council system）、议会—经理制（council - manager system）和城市委员会制（commission system）三种形式。在市长—议会制的城市政府中，市长是行政长官，议会才是主要的决策者。负责批准预算、通过立法决议、监督政府运作等职责都由议会完成。其中的议员是从该市的各个选区中选举出来的代表，一般有十几名。这样的结构实际上和美

① Charles I. Jones & Peter J. Klenow: Beyond GDP: Welfare across Country and Time，查自 http://www.doc88.com/p-082413688292.html. 2012 年 8 月 19 日登陆。

国联邦政府行政权、立法权与司法权三权分立的结构有些相似。第二种议会—经理制则与跨国企业的董事会—经理制有异曲同工之处。市议会的议员由选举产生，相当于公司的董事会，负责计算每年的预算、设立税收的标准，并聘任城市经理来管理行政事务。该城市经理需对议会负责，其考核及聘用时间都由议会决定。在实行议会—经理制的地方政府中，市长多是礼仪性的，权力并没有超出任何市议员，也不能否决议会法案。第三种，在城市委员会制的政府中，无论是立法权还是行政权，都合并属于委员会。委员会一般由 5 名左右市民选举出来的代表担任。市长同样只有礼仪性的功能。[①] 可见，这三种市政体制与中国的地方政府治理模式截然不同。显而易见的是，不同的体制并不仅仅是政府形式的差别，也与当地政治规则紧密相连。确切地说，这些不同的组织模式意味着不同的政治权力游戏细则，以及政治压力的表达和走向规律。例如，在议会具有较大发言权的市长—议会制中，选民拥有的选举权所能体现的威力就比议会—经理制的市政体系要强。因为在实行后者的城市中，经理作为直接的行政权行使者，是由议会聘用的，直接对议会，而非选民负责。这时，相对于选民压力，政治话语的考量将更倾向于效率、公正性、合理性等，而非直接应对选民群体诉求的博弈结果。

此外，对于地方政府的公共政策与公共支出来说，地方政府更像是个花钱的机构，因为大部分税收的权力是掌握在联邦政府手中的。因此美国不同地区的不同城市政府间还存在着资金配置资源、需要解决的首要问题以及地方政府内部权力结构等方方面面的差异。

最后，美国城市中还存在着一个普遍的问题，即内城的衰落。其中一个两难情况是财政的不平衡。即城市的郊区大多有郊区自治机构，与内城政府并没有太多往来。这些区域住的是富有的居民，税收数目较充裕的同时，住宅环境较好。结果是郊区资源多，需求少；而与之相对的是内城，大多拥挤地居住着低收入的人口，最需要公共设施与福利政策，但税基却严重不足。因此美国许多城市的公交系统、公共设施等都相对较差。这一内城破败的现象还往往带有

---

① 美国城市政府行政管理模式，查自 http：//www.doc88.com/p－594933354765.html，2013 年 12 月 1 日登陆。

种族的特色。相比于富有的郊区，内城中聚集着更多的非裔美国人，更危险的街道、毒品和犯罪问题。与此同时，郊区的自治机构也不愿，并抵制与内城政府合作，因为那样就意味着郊区居民需要交更多的税，而这些税并不会用到基础设施已经非常完备的郊区，而是可能用以提高内城的公共服务水平和学校教育。

（三）公民

“舞台”上的另一类重要角色就是公民。首先，公民是居住在某一地点范围内的，与另两类舞台角色的关系主要有，一方面公民可能是企业的雇员，需要企业提供的工作机会和报酬；另一方面，公民无论是对自己的收入，还是家庭的消费，都有一部分进入了政府的税收。所以公民还是政府提供的公共产品的主要接收者，并对这些公共产品的质量和内容十分在意。从历史上来看，早期的美国城市一般都是小政府，即企业型的城市，商业精英在城市公共产品的提供方面占有主要的话语权。地方政府为居民提供的公共产品十分有限。因此，案例一中所展示的一个世纪前的工业小镇中，居民生活的方方面面几乎都被矿厂方所主宰、控制。在支配权力的对比上完全不在一个等级。居民的诉求也就很难得到有效的回应。而随着劳工组织的发展，特别是新政时期的各种福利政策的颁布，美国地方政府对公共产品的干预力度与范畴是有逐渐扩大的趋势的。政府的权力力量相对有所上升。

今天，公民对公共社会资源的争取往往占据了城市舞台上权力角逐的主要原因。斗争的核心可能是清洁的空气和水（如本书案例一所示）、城市基础设施（如本书案例二所示）、学校教育、医疗、交通、社会福利等方面。其中具有美国特色的一点是，美国居民们往往对于影响自家房产价值的公共产品十分敏感。因为在美国房子的价格与其所在的区域联系密切。即便是相邻几步之远的街区，房产价格都可能有天壤之别。例如，在“好的街区”，街道比较安全，环境优美，甚至主要居住的是白人；而与其毗邻的“黑人社区”则可能十分危险，毒品犯罪问题严重，容易碰上麻烦的事情。所以假设政府计划在“好的街区”建设一家戒毒所，或者开一个福利房屋项目，那一定会招来周边房主的极力反抗。因为那里的居民将会预见到，这些公共设施可能会导致他们所在的街区安全恶化，从而影响到房价下行。甚至在美国历史上曾经有一段时间，房产价格还与种族问题牵连颇深。一度发生过由于某“高尚社区”中搬入了几户黑人家庭，导致该小区房产价格暴跌，房屋中介从此不愿将高尚社区中的房屋卖给黑人，无论他们支付再高的价格也不行。

总的来说，房产常常是居民们主要的资产和贷款担保物，而他们又不能像蜗牛似的背着房子离开其所在的街区。所以居民们一定会尽力争取有利于房产升值的公共产品——公园、学校、道路交通设施等，而尽力抵制可能压低房价的事务。公民在地用变更的斗争过程中的劣势之一是分散。因为单个家庭的影响力较小，而不同家庭的诉求可能又千差万别。如果要想在斗争中取得成功，公民们就必须结成某种诉求与利益相一致的组织。这就是为什么在后面的案例一中，阿帕拉契亚煤矿小镇的居民在开山采煤问题上反响强烈，很快形成了反对者阵营，立志与矿业公司斗争到底的原因：污染了的环境对该城房产价格的影响是致命性的，更不用提对个人健康的危害了。因此反对的居民迅速组成利益集团，积极开展活动。虽然这其中少数矿厂的矿工迫于就业的考虑，没有反对开山采煤作业，但经过分析可以发现，这在某种程度上应该是立场性的表态。相对反对者来说，这些居民对开山采煤进行维护的行动明显不如反对者阵营中的公民们卖力。

当公民们的诉求通过法律等正常途径无法得到满足，不满到达一定程度时，组织起来的公民就有可能采取抗议示威，或更加激进的反抗行动，以给决策者施加更大的压力。在这方面，曼奴·卡斯特（Manuel Castells）曾将公民团体的请愿动作进行了先后及方式上的分解：一般来讲，由共同利益诉求所联合起来的市民第一步会采取较温和的劝说方式。即将自己团体的诉求进行论证并向有关部门表达意见与愿望。之后，该利益团体会尝试与政府部门以较和平的方式进行游说。如果游说没有起作用，有关部门对该利益群体的诉求没有给予解决或让步的话，居民们就会觉得事情在恶化。如果该利益团体的诉求十分强烈，那么走投无路的居民们就有可能转向更加激进的方式来对政府施加压力，如示威游行、罢工、抗议甚至暴力抵抗等①。本书的案例一中对潘特溪大罢工事件

① Manuel Casells, the City and the Grassroots, London: Edward Arnold, 1983.

的叙述就符合卡斯特对公民团体从和平请愿到罢工暴乱的这一系列动作的分解描述。而在这一抵抗方式的变动过程中，体现了各利益群体（即舞台不同角色）之间权力相对大小对斗争走向及最后结果的决定性作用。可以说，斗争的结果取决于多重因素，各个群体间相对权力的大小无疑是其中最重要的变量之一。

最后，从权力角逐的策略方面来说，这种有组织的草根行动也是公民们权力资源的重要来源之一。在本书后面的案例分析中，还将试图对所举案例中各舞台角色的权力资源进行归纳分类，并将公民群体、企业方、政府方的权力资源来源进行比对分析，目的是揭示出前述各阶层间权力来源、大小及斗争方式的差异，并进一步靠近“是否有谁主宰着，他们如何主宰着权力”这个问题。这里就暂不详述了。

三、舞台背后：隐匿的后台

人们看到的城市舞台上的社会互动作为舞台剧在本书中得以呈现。但是在舞台之外还有更广阔的世界。舞台上的竞争、合作、博弈与妥协是情节，是社会互动的表现。人们要么因为自己是舞台上的一员，而过于入戏，要么太过于专注纷繁的剧情变化，而忽略了隐匿在舞台背后的世界。在舞台表演中，后台可能是演员们化妆、休息，以及储存道具的地方。而在本书的比喻中，我们将社会互动背后所隐匿的本质、事态发展的规律（如果有的话）以及相当于舞台剧本等未明显呈现出来的内容视为隐匿的后台。本书的主要内容也就是试图揭示现代资本主义国家各种机构、制度架构背后所隐藏的规律和力量。

为此，本书选取了两个美国地用变更的社会互动案例进行分析、归纳。第一个案例涉及阿帕拉契亚矿业小镇从农业地区向工业小镇发展过程中的利益之争，以及半个世纪后的另一场环保斗争。通过同一地点两个时间段的斗争对比，可以发现相似的社会群体在不同的社会历史背景下，在行为方式、斗争策略、斗争途径，以及斗争结果上会存在差异。这种差异来自“舞台背景和音乐”的不同。也就是说，在企业力量处于绝对优势，甚至可以操控当地司法、政治的背景下，小镇居民的诉求无法通过合法途径得到实现，而使前半部分的斗争充满了暴力与压迫。而在半个多世纪之后，随着政府力量的上升，以及法律、媒体制度的健全，人们似乎可以通过正常渠道表达诉求，进行抗争。但实际上，在看似公平公正的制度背后，并未摆脱权力与利益角逐的本质。第二个案例则选取了旧金山滨海历史文化区的建立过程。在这个地用变更的案例中，现代城市规划思想在政府的决策中起到了十分重要的作用。从某种意义上来讲，城市规划产生于资本主义无序的土地开发过程，是一种对不公正和无秩序的商业行为进行纠正与整合的需要。但是城市规划作为一种“舞台音乐”，必须建立在一定的社会情境下。在对案例三所隐匿的舞台背后分析中，将揭示旧金山滨海景区规划背后所隐藏的海港货运产业没落，以及该城经济模式转型的历史时期，特别是全球化进程对城市规划实施的可行性及必要性的决定性意义；并跳出本地的视角，以权力分析的角度解读全球化对当地的影响。而以往的相关著作多囿于对封闭的本地权力进行分析，希望本书这方面的思考能对该局限有所补充。

总的来说，本书将选取的地用变化视为社会事件，将该事件比喻为权力角逐的舞台。该地块旧有的历史、社会背景如同舞台的布景；社会文化与思潮相当于舞台音乐。在此基础上，对相关社会群体进行利益相关方式的分类，类似于对舞台上的人物与角色的诉求进行明晰；之后阐释舞台剧的剧情发展：即相关利益方如何进行博弈与斗争，最后阐释可能存在的被隐匿了的舞台背后，即为什么产生了那样的结果。本书认为舞台后台被隐匿了的力量与规律是权力的角逐和讨价还价。为此，以下将就什么是权力，以及在权力视角下的城市历史变迁、社会竞争、地用变更，以及全球化等方面进行大致的阐释。

第二节　舞台角逐背后的权力规律

一、权力概念

权力是一个很广阔的概念，在政治学、经济学、社会学、哲学、心理学等领域中都有所涉及。《牛津英语词典》中对 power 权力的定义达 15 种之多，它可以是指个人权利，也可以指机构所掌握的权力。其最初的本意是指有能力进行某种行为，或有能力进行控制①。今天我们对“权力”的普遍理解是，对他人的控制和权威。该词语与权威、主宰、统治、领导权、能力、影响力（个人或社会的）等词汇紧密关联。

而从哲学、政治学的方向追溯，西方政治学的开创者亚里士多德曾提出“人天生是政治动物”的命题，并在其《政治学》一书中以权力在公民中的分配的视角来看待国家机构。但是亚里士多德并未对权力的具体定义加以明确。而在很长时间以来，人们一直将权力与权威联系在一起，当作一个理所当然的概念加以研究。但是权威是指个体有法理上的或者正统意义上的权力来命令他者，同时被命令者有义务服从该命令②。可见权威在性质上应该属于一种权力，因此权力的概念要大于权威，但在“威严、威力”的意义上则要弱于权威的含义。

在马克思的著作中，权力的概念特指政治上的国家权力，并带有明显的阶级属性。而在政治学、社会学中，权力的阐释是从“支配—压制”机制的角度加以理解的。例如，罗素就将权力定义为“一种支配、控制甚至是压迫”的关系③。此外，达尔（Dahl）认为，政治资源是一个人可用于影响他人行为的手段。他把决定人们施加影响力大小的因素进行区分，认为主要来自三个方面：“政治资源分配的差别”“个人使用政治资源的技能和效率的差别”“个人为政治目的使用其资源于不同方面的差别”。同时又把权力的属性归纳为六个方面：强制性、稳定性、相对性、不对称性、意图性和工具性④。

与前述学者的权力观念不同，福柯的权力观更偏向于权力关系。因为罗素、达尔等人的权力观是与冲突、斗争、控制等紧密相连的，权力是一种社会控制工具，在某种程度上还意味着政府对个体的压制。而福柯则从另一个角度来看权力。他认为冲突斗争的本质是要压制“他者”的行为，而他所讲的权力实际上是权力关系，这更像是张网络，其间不同个体及群体间以一定的规则进行互

---

① Shorter Oxford English Dictionary on Historical Principles, Oxford: Oxford University Press, P. 2309.

② Shorter Oxford English Dictionary on Historical Principles, Oxford: Oxford University Press，词条 authority.

③ 黄琳：《近代西方权力观的演变与启示—从马基雅弗利到卢梭》。查自：http：//www. docin. com/p－361846803. html。2013 年 12 月 7 日登陆。

④ 罗布特·达尔、王沪宁、陈峰译. 现代政治分析、上海：上海译文出版社，1987，47.

动。因此在福柯那里，冲突斗争的成功就意味着某个具体的权力关系的消解。正因为不同利益体间的互动与角逐，所以权力关系这张网络是始终运动变化着的[①]。可以说，福柯对权力的分析，是从其作为社会生产工具的出发点进行思考的，更强调的是互动，而非控制支配。因此按照福柯的逻辑，权力的本质是在差异的基础上对资源进行整合，并使各方最终达到认同，从而形成某种秩序。在现代城市中的治理网络中，各种权力间相互关系，并进行互动。例如《规训与惩罚》一书研究了监狱的历史，通过看守的物理权力思考监狱制度运作背后的深层权力结构。福柯研究现代机构的制度化与社会权力、社会主体这三方面的关系，认为现代资本主义通过各种制度、教育文化等对人进行塑造。现代道德、价值观和社会制度在本质上起到了对人进行“规训”的作用，通过这些体系与心灵的规矩，人们变得驯服，即“规训性权力”（disciplinary power）。现代社会正是通过管理、检查等规范化的隐蔽方式，对人起到了支配和控制的作用。而这种通过“应该怎么做”的方式进行的治理要比通过暴力压迫的治理更为组织化、稳定化。然而这套制度掩盖了背后的权力争夺与利益交换过程，给人以公平公正的假象。可以说，在福柯的理论中，空间、权力与知识的三者，空间是权力运作的基础也是产物；而现代知识是被构建起来的，一套套将权力结构正当化、合法化的体系。权力关系通过现代知识，在现代制度的框架内进行彼此间的互动与运作，最终的表现形式就是空间格局与秩序。

在现代城市中，空间被分割的同时，各种各样的机制将其包裹为一个个类似福柯笔下“监狱”的封闭性规训机构。无论是学校、工厂、街区、医院还是各种生产部门，权力都在其各自相对封闭的空间内角逐并发挥作用，对其中的个体进行改造与规训。每一种空间都将人固定下来，通过制度将其改造得同质化，从而可以井然有序地为资本生产而服务。这种规训穿着知识、制度与文化的“外衣”发挥作用，而其间被锻造了的人类却毫无察觉。可以说，相比于古代社会，现代社会的人类日常生活更加机械化。虽然生活的物质水平得到了提高，但劳动者在单元化、专业化的生产中，在消费主义的欲望中丧失了独立性

① 福柯：《权力如何运行（How is Power Excised）》。

和判断力，成为“单向度的人”[①]。

在福柯的权力观中，空间是权力的媒介和来源，对人进行着管制与控制。权力的属性是政治性的，而非经济性的。而基本与其同时期的大卫·哈维则将资本主义的金钱逻辑同空间改造联系起来。在《社会公正与城市》一书中，哈维分析了现代城市中空间不平等现象背后的资本逻辑，并指出，观念来源于具体的社会背景，因而就不能抽象地讨论社会公正；相反，应该将它放回到宽泛的社会背景中去加以考虑[②]。例如，现代城市中普遍存在着富人和穷人居住分区的现象，甚至通过一个人居住的地点就可以判断其社会身份。而在这种空间的分化过程中，社会底层群体是空间的生产者，却在空间的占有中处于劣势；进一步来讲，中上层群体为了追逐更舒适的居住空间，而掀起美国中产阶级搬往郊区的浪潮，同时发生的是城市内城空心化的社会问题。在《巴黎城记——现代性之都的诞生》一书中，哈维进一步分析了这种空间的不平等现象，揭示出其与资本利益的内在关联。简而言之，金融资本、土地利益和国家这三者是推动城市改造进程的决定性推动力量。政府提供土地，而开发资金则通过金融市场获得。因为资本的规律是追逐利润，所以提供了开发资金的资本家一定要尽量从土地增值或房地产开发中获得利益。这样一来，生产的新的城市空间布局实际上是“虚拟的资本形式”。地用的变更目的使盈利可能性的增大，而非社会公平或宜居。空间成为消费品的同时，产生空间异化，并聚集了各种社会矛盾[③]。哈维近期的《新自由主义简史》等作品则探索了20世纪70年代以来，资本主义在新自由主义的旗帜下，表面上似乎能创造增长与经济发展，但实质却是奠基于夺取式积累，而非真正的发展。新自由主义扭曲地实践其所承诺的愿景，从穷国挪走资源给强国作为发展富裕所用。资本掠夺、剥削与空间侵占最终造成了发展的极不均衡[④]。

---

① 赫伯特·马尔库塞（Herbert Marcuse）“单向度的人”描述了现代人在技术理性世界中身心被物质所操纵、管理、支配，以至于人们成为按要去行事的工具，丧失了自我精神追求和批判性。

② David Harvey：the Condition of Postmodernity，Malden：Blackwell Publishing，1990.

③ 大卫·哈维、黄煜文译：巴黎城记——现代性之都的诞生（中译本）. 广西：广西师范大学出版社，2010：135－146。

④ 大卫·哈维、王钦译. 新自由主义简史（中译本），上海：上海译文出版社，2010.

二、权力运作的方式

通过前面对权力概念的回顾，可知权力的运作不仅带有支配、压制的属性，同时也可能是隐蔽的、具有规训性，或合作性的。在这样基础上进一步观察现代城市的空间再生产，可将其背后的权力运作方式进行归纳和分类。在这方面，达尔、雷蒙德等人都颇有著述。其中，斯蒂文·卢克斯（Steven Lukes）对这些学者的作品进行了梳理，将权力运作的各种观点归纳为“三个层面（three faces of power）”①，并分别对这三个层面上对权力运作方式的观察进行了分析和批判，本部分主要依据他的研究。

权力运作最直接的方式是基础决策权（basic decision - making power）。决策权是一种支配性的权力，主导了权力规则的制定，即使有的时候拥有这种支配权的一方会邀请其他利益相关方参与决策，但当意见出现分歧时，处于权力中心的决策权所有者会将自身利益放在首要位置，采用强制性的支配或控制的方式达到自己的目的。这种对支配性权力的运作只是在利益发生冲突的层面上进行观察的，该权力运作在政治参与过程中带有政策偏好性。可见，通过基础决策权来发生作用的权力，其背后体现了不同利益体所占有的权力资源的不平等，即享有决策优势的一方处于权力支配的中心，而其他的利益群体在利益与权力中心一致的情况下处于附庸地位；反之在意见出现分歧时则被边缘化。在城市空间再生产的过程中，权力被边缘化的利益群体的要求常常不能得到满足，因此这些分散的利益群体就有可能通过与其他群体结成联盟的方式来扩充自己的权力资源，从而改善其边缘状态，力图对权力的运作产生更大的影响。② 在美国的政治与社会生活中，利益集团间的联盟十分普遍，这在后面所列举的两个案例分析中均有所表现。

---

① Steven Lukes：Power：A Radical View，NY：New York University Press，1986. 查自 http://ishare.iask.sina.com.cn/f/5564755.html? from = like&sudaref = www.baidu.com&retcode = 0。2013 年 7 月 5 日登陆。

② Steven Lukes：Power：A Radical View，NY：New York University Press，1986. 查自 http://ishare.iask.sina.com.cn/f/5564755.html? from = like&sudaref = www.baidu.com&retcode = 0。2013 年 7 月 5 日登陆。

权力运作的第二种方式是非决策性权力，其核心是具有影响他者的能力。对这种权力运作方式的分析是从制度、规则、格局维度上观察的。在美国政治角逐中，权力不仅通过强制性的决策权得以运作，而且还可以通过控制、设定标准、制度，以及设定总能使一部分群体获利的决策程序等方法运行。[①] 例如，个人或某个社会群体控制了讨论的议题，从而避免对一些问题的讨论，将这些议题排除在议事日程之外。在美国现代城市中，不同的社会群体、不同的个人，诉求千变万化，但是无数的诉求分散在城市空间中，其中只有很少一部分会聚集足够多的关注，进入政府议事日程的讨论之中，并最终影响决策。因此，将诉求的声音在城市的政治、社会生活中播放出来，需要一定的话语权和影响力，或者通俗地说，这是一种对话题控制的权力。再如对标准的控制与设定，就好比对比赛规则的制定，如果具有偏好性，那么设立规则的一方就有可能处于体制上的优势，而频频获利。在国际政治经济舞台上，世界银行、国际货币基金组织、世界贸易组织等，都有此种权力运行的方式。这些组织设定的标准看似统一，但发展中国家与发达国家经济结构及产业类型完全不同，导致在设立规则方面具有发言权的发达国家获得了体制上的优势，而发展中国家则备受制约。而在这样的权力运作维度中，制度是权力关系的反应，反过来又时刻维护着该权力关系。处于边缘的权力体只有改变该社会制度，才有可能对权力关系进行重组。相比于上一种在利益发生冲突的层面上对权力运作的观察，这种非决策性权力的运行依旧建立在利益出现可见冲突的基础上，但是却较之更深一步，揭示了相对隐蔽的政策偏好性所体现出来的权力。

而权力运作的最重要，也是最隐蔽的层面则是制度、文化与意识形态方面的统治性权力。卢克斯将其定义为“对个体思想及欲望的影响与控制，使人们在这种权力结构之内主动接受他们在这种权力结构之外不会想要的东西”[②]，并认为这是最有效、最强大的一种权力，因为它能够“阻止冲突，使分歧根本就

---

① Steven Lukes：Power：A Radical View，NY：New York University Press，1986. 查自 http：//ishare.iask.sina.com.cn/f/5564755.html? from = like&sudaref = www.baidu.com&retcode = 0。2013 年 7 月 5 日登陆。

② Steven Lukes：Power：A Radical View，NY：New York University Press，1986，P.25.

不会出现”①。前两个层面的权力运作方式均着力于实体的行为、决策和冲突；而在本维度上，权力的运作超越了冲突的视域，通过塑造、控制人的思想和需求来保证其对权力所有者的服从。这种权力的运行既可以是有意识进行的，也可以如此之深刻，以至于其在无意识中发挥作用。而我们以为正当的某些社会结构可能就偏向于某些权力所有者或组织，这种结构可以是通过长时间的行为或行为失败而逐渐固化而成的行为模式。例如，中国古代社会文化中对女性行为模式及其家庭从属地位的一些固化认识如此之深，以至于作为在该权力模式中处于受害角色的女性本人也对此深信不疑，并加以捍卫。古代夫权于是通过对个体思想的影响与控制（可能是无意地通过行为失败而逐渐固化而成的），使处于被统治地位的女性群体无意识地服从于男性权力所有者，甚至主动地要求不利于自身利益的行为。再如，倘若重新审视美国的消费文化，也会发现，需求在某种程度上是被制造出来的。商品的价格、质量与服务差异导致了人们的攀比欲望。而为了填补不断被制造出来的欲望，人们更拼命地工作，将注意力更多地投向如何获取财富。人类的劳动也不再以快乐或意义作为评判标准，而是作为以金钱衡量的商品，劳动成为人类谋生的、不属于自己的商品存在。因此消费文化在表面上满足了人们的物质需求，实际上却制造出更多的欲望与痛苦，并使人的整个身心都变成了被操纵、被管理和被支配的对象。在这种消费文化中，权力以极其隐蔽的方式运作，超越了利益冲突的视域，塑造了有利于资本的积累和对劳动力使用的权力结构。从这个权力运行维度进行观察，我们社会中的许多共识与观念也是被操纵了的。因此，在冲突视域之外，同样存在权力的行使与滥用。

三、美国城市地用变更背后的权力运行属性

本书讨论围绕的其中一个核心问题是：城市发展背后的逻辑到底是怎样的？如果从表面上看，会发现城市地用变化的名目繁多：商业街开发、公园建设、小区建设、文化资源保护、旅游开发、环保等，不一而足。似乎这些不同功能的片区改建之间没有什么特别的联系或规律。进一步看，相对于欧洲的城市规

---

① Steven Lukes：Power：A Radical View，NY：New York University Press，1986，P.25.

划体系，美国的规划更为自由放任。它更贴近市场与资本的权力力量——一般只将小块土地的特定用途进行安排①。因此城市面貌的变化是“一块地一块地”地悄然进行着易容，而非大片大片整体地改变。然而相对于我们前面所提出的核心问题来说，这样的认识深度是无法明确城市发展变化的具体动因的。至少，我们还需进一步深入每一次“片区易容”背后的过程、参与方，以及其所承载的社会关系等内容的分析中去，并将其放到更为宽泛的时空环境中（历史的、全球的视角），才能更深入地认识城市发展这一深刻的社会变化过程。土地作为一种稀缺资源，在每块地用功能的变化过程中必然存在着不同的利益体对其权力的争夺，因此，任何小规模的地用变更都不可避免地伴随着，或者说，本身就是社会事件。如果从权力的角度来理解这些社会事件的话，就会发现城市空间的命运取决于利益相关方间的权力角逐。特别是，即便是在同一时间，对同一地点，不同社会群体、不同立场的人群对该土地都会有不同的诉求与解读。

例如，案例一在阿帕拉契亚煤矿小镇对开山采煤作业空间的争夺中，矿厂方将埋藏着煤矿的山体理解为可以获得更多利润的经济机会，因此山体是一个单纯的、必须要炸掉移走的空间障碍。而当地村民则将该环境理解为一种旧有的生活方式和文化记忆，同时环保主义者看到的是水体、植被与空气。空间是同样的空间，但是不同利益体对该空间的观念与理解截然不同。而这些不同的解释根本就难以调和，因此引发了重重矛盾。而山体土地的用途与命运，就取决于争夺方充满权力的意义争夺之中。也就是说，美国地用变更的解决方案就像是权力角逐的舞台，让不同的利益相关方诉诸各自的社会权力，争夺方社会权力的大小决定了该块土地用途变更的结果。因此可以说，权力决定了空间的命运，并在地用变更的角逐中得以展现和流通。对这种展现，一些学者曾试图就美国政治权力运行的属性与特点进行规律性的阐释，其中包括精英论、多元论和体制性眷顾等概念。虽然这方面的研究颇具争议，且主要是针对美国政治过程的阐释，但是地用变更的争夺在本质上也是一种政治过程，因此也可以简要回顾他们的研究，作为对本书论述展开的参考。

---

① Kevin Fox Gotham, the Secondary Circuit of Capital Reconsidered: Globalization and the U. S. Real Estate Sector, Chicago, American Journal of Sociology, Volume 112, No. 1, 2006, 查自: http: //www. doc88. com/p - 309813557609. html, 2013 年 12 月 20 日登陆。

1956年，米尔斯在其著作《权力精英》中论证了当时的美国是由一个政治—工业—军事联合体所主导的社会，而该联合体的高层领导者常有着相同的社会、家庭背景。这些“权力精英”上同样的学校，参加同样的俱乐部。因此他认为美国社会的权力是集中在极少数精英手中的。米尔斯采取的研究方法是基于对相关民众的观点进行调查，这些被调查者所认为的那些有权有势者则被认定为社会精英。之后他再调查这些权力精英的背景，分析他们可能存在的某种联系，从而进行推断假设，得出“精英理论”的结论。与此同时，弗洛伊德·汉特（Floyd Hunter）通过对亚特兰大的案例研究，认为在美国东部城市亚特兰大就存在着一个由一小部分权力精英所构成的小团体。这个团体由成功的商人、律师和政客构成，是经济与社会关系将他们联系在一起。在该书《群落权力结构》（Community Power Structure）中，汉特将权力结构描述为内部关联的“权力金字塔”，不同的行业、各种部门中的权力结构都可以看作是不同的金字塔结构，虽然塔底看起来各自独立，但塔顶的权力精英彼此间却有着千丝万缕的利益纽带。可以说，米尔斯与汉特的这两部著作创建了“精英论”。随后，威廉·多莫夫（William Domhoff）、罗伯特·达尔（Robert Dahl）等学者也都发展了精英论。而精英论的研究多通过对一个群体的家庭背景和个人传记进行归纳总结而得出的结论。

这样到了20世纪七八十年代，出现了与精英论相对应的多元论。实际上无论是多元论还是精英论，都承认存在权力精英，他们的主要分野在于，第一，精英统治是基于其自身的利益还是更偏向于不同社会利益团体的相互竞争与角逐。多元论认为虽然在一些情况下社会的政治权力集中在少数个人手中，但在各个群体中都有自己的权力中心，因而更应以群体为单位看权力的分布。第二，精英论一般通过声誉的大小来判断谁是权力精英。他们通过调查问卷询问市民认为谁是本地区的权势家族，然后辨识出调查问卷中反复出现的名字，确立为谁是权力所有者；而多元论者则以利益集团为分析单位，考量不同集团间的博弈与斗争。例如，有一些群体在各自的领域里更有影响力。又如，医生或律师等职业团体在很大程度上能够在相关专业问题上具有决定性的发言权；与之相对，在另一些领域里，政治网络的流动性、竞争性则相对较强，一些群体的力量势均力敌。这时政府的相关政策就会出现不稳定的现象，因为有时某群体在权力斗争中获胜，但有时是另一些群体取得了胜利。最后，多元论是针对精英理论而生的，但是该理论并不完全否定精英论，而是也承认在某些群体中确实存在一些精英人群，但是这些精英个体与他们所代表的群体组织在分配社会资源的过程中存在着竞争与博弈。

多元理论的出现引发了热烈的讨论。有精英论学者认为将利益的本质做个体与群体的划分本身并不十分科学，因为大多时候，个体利益与群体利益是复杂重合的，而且人们在有所诉求时并不会意识到自己的利益区分。此外，利益集团的竞争系统仅仅是给人们以民主程序的假象。而在事实上，真正的讨价还价发生在幕后，最终还是权力精英，尤其是商业精英们对决策起到了决定性的作用。作为回应，克莱伦斯·斯通（Clarence Stone）在《领域政治》（Regime Politics）一书中认为，由于再次当选的压力，美国的从政者需要地方商业团体的资金支持来进行竞选。这就给予了商人对政策制定的讨价还价的能力。进一步来讲，城市政府在决策制定方面就不得不受商业群体的制约。这也就解释了为什么非裔美国人在当选政治职位后，并不会完全为少部分非裔群体谋求利益，而更多的还是会延续商业精英的利益。之后，新马克思主义学者进一步指出，资本主义的经济运行系统从本质上保证了在利益集团的竞争过程中资本所有者的利益总会受到首要保障。

在这一方面，凯斯·道丁（Keith Dowding）提出了一个颇为有趣的概念。在其《理性选择与政治权力》一书中，凯斯用“体制性眷顾”（systematic luck）的概念来解释精英理论与多元理论所难以解释的现象。体制性眷顾是指由于社会体制的原因，某个体或群体处于竞争的有利位置，总能接受到符合自己利益的好处，即便他们无意获得该政策的眷顾。例如，政府发展经济以保障民众的生活水平，为此，政府提供了一系列刺激措施，如低税率、减少对资本投资的限制等，以有利于产生更多的就业机会，并给雇员更高水平的收入。而在此过程中，因为整个资本主义经济系统的运转是通过资本家的公司实现的，所以已经存在于经济体中的资本家首先从低税率政策中获得收益。这部分与体制利益相吻合的资本家群体总是在各种政府政策中好运常在，即便他们没有动用自己的权力去争取。

多元论的学者在挑战精英理论时，曾以非政府组织的案例来反驳精英理论。

即非政府组织虽然在财力上不足以与大财团抗争，但却在很多时候都能成功地影响政府决策的制定。而凯斯“体制性眷顾”的概念恰恰可以就此现象给出一种解释。因为这些非政府组织可能仅仅是处于良好的天时地利条件，在整个的社会制度中站在了一个有利的位置上，因而十分幸运地总能推开了一扇扇原本就开着的“门”。当然从前面提到的权力的三个层面来看，“体制性眷顾”理论是从制度层面观察权力运行的方式的，而精英论和多元论则是从权力运行的第一个层面——基础决策权的维度内进行分析的。

黄平在关于社会科学的结构性分析中指出，在可量化的物质世界与经济生产的背后，离不开相应的社会结构与社会关系。而该社会体系又进一步成为这一时代的政治权力与文化模式的基础。物质世界、社会体系、政治权力与文化模式是整体的架构，对任何一个层级都不可割裂地进行分析[①]。按照该框架来观察城市空间的生产过程，我们所见到的是物质世界的城市与建筑，其内部充斥着该社会关系与社会结构。精英论与多元论是对这个层面的空间生产规律进行的观察；而建筑和空间作为一种公私资源，涉及对其进行分配的权力。这就是更深层次的政治与制度层面上的空间生产，“体制性眷顾”就是从这个维度观察美国政治制度得到的结论。最后在这套社会的、政治的制度与结构之上，有一套对其进行阐释，并将其合理化、正当化的知识文化体系（power knowledge）。福柯、哈维等后现代主义学者对这个层面上的现代城市权力进行了解构。揭示了现代知识体系是如何通过规范化的、正当化的隐蔽方式被建构起来的，从而起到了对人的思想与观念的规训与控制的作用，给人们以合理公正的假象。

此外，无论是精英论还是多元论等都主要集中对城市内部权力的联盟结构与体系维系进行研究。其解释和应用的范围仅适用于较为独立、封闭的政治、社会体。而在全球化的今天，没有任何一个美国城市是孤立于世界的生产、销售与经济体系而独立存在的，它们总是或多或少地与世界发生着关系。因此，城市的内部权力结构不断受到外部权力体及全球经济生产气候的影响，这增加了城市舞台上权力角逐的复杂性和不确定性。同时导致在城市的空间再生产过

① 黄平：中国社科院美国研究所“社会科学分析理论框架”课程讲座，2013年4月26日。

程中，仅仅通过其内部的权力结构分析已无法解释所有的冲突、合作过程与斗争结果。有关城市地物变更背后的动力与规律的研究面临着新的解释方法与架构。

第三节　资本的空间扩张逻辑

资本的一大特点是扩张性。马克思将资本生产与交换的过程概括为 M－C－M′（货币—商品—货币）公式，即用货币买入商品、劳动或者进行投资，以赚取更多的货币。这一过程从货币开始，以货币结束。该过程进行的动力是两次货币差，M′－M＝Δm。其中劳动和原料使原先的货币 M 增值了，商品 C 可以换回更多的货币，即 M′或M＋Δm。Δm 就是剩余价值。价值规律使资本家不断地将增值了的资本继续投资，以增加自己的财富。甚至资本 M 会直接转化为 M′，也就是跳过中间的商品生产 C，直接货币产生更多货币，如金融增值、投机性投资等。因此，M－C－M′公式揭示了资本投资的目的与动力是货币的增值，并体现了资本的积累与扩张的特性。如果我们把城市空间不仅仅当作是生产与经营的“容器”，而是将其中的建筑本身作为一种物质产品来分析的话，就可以用 M－C－M′资本的逻辑来解释城市空间的制造过程与结果。

一、空间的社会属性

在资本主义社会里，各种东西都被当作商品进行买卖。其中建筑与空间也具有了商品的属性，现代城市中的地用变更就可以看作是资本主义的空间生产与再生产，遵循资本的逻辑，即资本所寻求的是能够带来最大利润的投资。在此过程中，空间生产成为资本盈利的一种方式，通俗地说，资本投资于建筑业，是为了获得收益。人们对地球上的空间进行占据、填充与布置，在这个过程中，人们将空间进行分割，都市的中心，也是经济、社会中心，人口相对密集，对空间的需求就更为聚集，由此造成了空间相对稀缺，而稀缺意味着更高的价值。因此市中心的地产价格一般比较高。而空间也就如同商品一样，以获得剩余价值和利润为目的而被生产出来。同事成为消费品。甚至连空间中的阳光与空气也被当作一种附加品被赋予价格，如海滨度假胜地或者风景名胜区的房产。

在这个过程中，空间与地理不仅仅是自然属性的物质，而且表现出资本的社会属性。那些被人为地生产、创造出来的空间中，同时又被各种社会关系所填充。因此，城市空间又不仅仅是资本运行的载体，它也同时是社会关系的产物。城市地用产生于有目的的社会实践，空间表现了各种权力关系与社会关系，同时也与这些关系进行着相互的作用。哈维对此总结为："空间和空间的政治组织体现了各种社会关系，但又反过来作用于这些关系"①。可以说，城市空间本身就是社会结构的体现，是一定时空下人类经济、政治及文化系统共同的产物。与此相对应的，不同时代不同的生产关系和社会结构所造就的城市空间也就有其独特的特点。当社会从一种生产方式过渡到另一种生产方式时，新的空间形态也会伴随着这种变化而产生。具体来说，封建社会的生产关系所造就的城市构造与王权及农业生产密不可分；而到了资本主义时代，空间的组织模式也随着生产关系的变化发生改变，如现代金融网络、跨国公司全球生产网络、销售网络等。现代资本主义世界空间的内在逻辑是商业资本的流通。为此本书将对历史上的社会关系与空间组织模式进行一个梳理。

（一）生产关系与西方城市变迁史

对西方城市变迁过程的分析与阐释存在多种理论，其中路易斯·芒福德（Lewis Mumford）的《历史中的城市》（the City in History）中对西方城市的起源与发展的阐释中，强调了社会分层在早期城市出现及发展过程中的联系，即人群在政治和经济上地位的纵向分化导致了城市的出现。芒福德认为②，人类最初的城市雏形形成于新石器时代。当时已出现了农业生产，这使原始人类从原先的聚集狩猎生活中的简单分工转变成更为复杂的劳动分工。因此，早期城市的形成在本质上体现了原始人类对自身角色和生存方式的固化和延伸。如男人和女人，农民、牧民和猎人等，分别负责哺育、灌溉、放牧和狩猎。随后，

① David Harvey: Social Justice and the City, Baltimore: Johns Hopkins University Press, 1973, P.306.

② Lewis Mumford, the City in History, San Diego: Harcourt, Inc., 1961, pp.3 – 118.

这些不同的劳动方式和生存角色固化为某种社会组织形式，该形式进一步固定，形成了象征文明的控制手段，这才产生了早期城市的雏形。而在最初的这种不同劳动方式和生存角色的联合过程中，需求不断催生保护者、废料供给者、信息联络者等各种新的生产角色。其中一些劳动角色并不需要土地、耕种或狩猎，这就使不同角色间必须相互依赖，因此出现了生产、交换和消费。

而真正意义上的早期城市的目的应该是工具性的，即古代一部分人用其来统治其他人群和自然。首先，它是长期性的聚会地点，尤其是在古代人类举行祭祀典礼方面，考古研究已经证明，世界上很多古城是服务于神明的宗教政治中心，如希腊雅典卫城、墨西哥的玛雅古城和柬埔寨吴哥窟等。此外，“城”除了保持这其宗教特征之外，还是王权统治的中心。例如，以高大石头房屋筑成的罗马城邦，外表华丽宏大，但与罗马贵族同时存在的，是不计其数躲在城邦阴暗角落的奴隶。可以说，罗马时代的城铸就了这样一种权力的结构：现实享乐与残酷生活共存。在这种城市架构下，能工巧匠等大多数职业群体都是为了贵族的享乐而服务的。芒福德认为，正是罗马欢腾的人间地狱景象造成了其后中世纪宗教在欧洲的统治，中世纪精神中的消极、退却、平等和忍耐等都是对罗马时代底层痛苦的慰藉与回应。因此，古代欧洲城邦内，宗教统治与贵族统治常常交替主导，每一个接下来的时代都是对前一个时代的逆反①。

（二）古代中国城市

东方城市的产生也符合西社会分层加剧的产物。人群在政治和经济上地位上的纵向分化最终使一部分人成为城的主人，而其余的人口则多为社会地位较低的劳作者②。这一过程成为社会复杂化过程。我国对现代城市的界定通常强调的是城市在区域经济发展过程中的特殊地位和位置优势。这在一定程度上与我国古代城市的分布具有吻合性。观察我国早期的城市，北方多集中在山东、河南、山西、陕西等核心地区③。长江流域的早期城址则多集中在澧阳平原，

① Lewis Mumford, the City in History, San Diego: Harcourt, Inc., 1961, pp. 344 - 374.

② 刘莉. 中国新石器时代（迈向早期国家之路）. 文物出版社，2011.

③ 更早者如西山仰韶时期城址等。但这一时间段的具体研究由于其他社会配位资料的整合尚不完整，还无法确切地具体说出完整轮廓。

这一时期的城址在具体的界定上还需要进一步的资料作为佐证，但总体上轮廓是清晰可循的。而到了商周时期，城邑已经变为贵族生存区域和宗教祭祀区域的结合体。从某种角度来说，分封制度的本质基本是以城为区域核心的土地占领制度。整体的更替可能导致具体城邑统治者的变更，但这一阶段由于国家形态的固定，开始出现城邑和周边社会及自然资源的稳定匹配关系。稳定的贵族—国人关系开始充斥于社会的主体结构中。如果将我国古代的城市社会结构大体分为三类：领主、国民、农民的话，从这个角度就可以观察到我国古代城市实际上是军事、经济、民政为一体的管理单位和地区交通枢纽。而不同的城邑也因为其在权力分布的不同节点位置，而在规模上分为都城、城邑、郡、县等。其中县是中国城市的基本节点和管理单元。而这一基本特征一直延续到今天。这是从政治角度来看。一些学者因此认为，相较于西方早期城市，中国的早期城邑有着更深刻的政治统治意义，而在商业交换等经济方面，作用要弱于西方早期的城市。实际上早在战国时期的各国国都，都有着商业节点的作用。虽然在中国古代城市内部不一定存在大规模的市场，但是这些城邑从一开始就可能起到或部分起到了区域经济资源管理的职能。因此，总的来说，中国早期城市应该是政治、商业和交通的多元结合点。

可见，有无市场并不是中国古代城市分类的本质性标准。甚至从某种程度上来说，市场本身只与执政者允许它在哪里安置有关。市场本身我们只能看成是一定区域内或区域间互通有无的场所，而这些场所可以在任何人口稠密的地方出现。乡里、邑聚、城邑、都城，都有可能。因此，市场不是城市所独有的功能区。相反，我们应当将其看作一种人口生活需求的自发贸易形态。大市场最终出现在大都市里的原因本质上是因为巨大的人口生产生活需求。因此，相较于西方古代城市，中国的古典城邑则在本质上更具有政治意义，这在历史学研究领域也部分达成了共识。

根据芒福德的看法，西方后期城市的自由民最早应当是这类城市里的贵族服务阶层演化而来的。我国杜正胜等人认为此观点也同样适用于中国古代城市。中国古代城邑的特点是军政教三合一。如观察扬州城的历史，一方面可见城市结构的变化，另一方面我国历史学家发现扬州存在着从政治统治中心向纯粹的消费型综合城市发展的过程，吕思勉将其称为“宋型社会”。即最迟自宋代开始，我国地方城市开始出现同质化趋势，县城开始出现同构化倾向[①]。纵观我国古代城市的典型结构，一般中心位置是宫殿、行政衙门、神庙等代表东方古代社会权力核心的机构。然后以这个中心建筑向南北引出中轴线，并在中轴线左右形成对称的城区，如北京的东城和西城。最后城市由方方正正的城墙所包围，且分别有东南西北四个方向的城门，象征着天下四方。可以说在北京、西安等中国城市，这一结构一直延续到今天，城市的扩展一般还是围绕着原有的四方结构向外延伸、展开，所以会形成环形的结构。

因此，对比芒福德关于西方城市的历史变迁规律，我国的城市的选址基本是千古不变的，甚至可以说，中国城市的现代化并没有改变城市的基本结构。

（三）现代资本主义城市

随着工业化的发展，“现代城市”的含义逐渐清晰，相对于古代城市，其现代含义往往指的是某区域的金融与商业中心[②]。而且现代城市的界定模式基本是以城乡二元对立为基础的。

观察保存得较为完好的中世纪欧洲古城，教堂往往被建在该古城的中心，而且也是最宏大的建筑。而与之相对比的美国现代城市，城市的中心一般是商务区。无论是纽约曼哈顿的高楼大厦，还是西海岸闪烁着玻璃耀眼光芒的高级写字楼群，无一不暗含着这样一种宣言：在这里，赚钱和商业是这个城市的中心和焦点。可见城市在漫漫历史长河中所形成的面貌与布局背后，有着权力的逻辑。城市的形成、发展、分配和布局都可以看作是当时各个社会群体或组织间权力运作的产物。因而城市体现了社会的权力关系。对此哈维在其《后现代的状况》一书中评论说：“现代商业办公大楼就像是资本主义的商业教堂，代表着凌驾一切的高度和荣耀……从城市空间的建筑表达上，我们可以辨认出该时空条件下权力的分布、存在和行使”[③]。城市的结构与面貌反映着权力的分布，同时权力也被建构在我们的城市空间中。

最早移民到美国的欧裔居民是以开拓疆土为主要的生存来源的，而其在其

---

① 杜正胜. 周代城邦. 联经出版公司，台北，1979.

② Raymond Williams, Keywords, New York: Oxford University Press, 1983, pp. 56 –57.

③ David Harvey, the Condition of Postmodernity, Malden: Blackwell Publishing, 1990, P. 10.

独立前后的一百多年里，美国从本质上讲应该是一个农耕社会。直到19世纪末，工业化才带来现代工业城市的诞生与发展和城市人口的持续增长。今天，美国已成为一个典型的城市社会。根据美国人口普查局1990年的数据，美国城市人口超过国民总数的70%。在近200年来的迅速城市化巨变中，工商业的发展是其中的核心动力。正是工业化过程中迅速膨胀的生产活动和频繁的商业往来像动力泵一样，将大量来自农村以及国外的移民吸引到美国城市中来，使美国的城市以令人难以置信的速度如雨后春笋般地出现并膨胀起来。但是过快的、大规模的城市增长也带来了环境危机和内城衰落等问题。回顾美国各个城市的发展历史，生态问题很少能占据政府议题的首要位置。而那些与经济及商业活动有关的议题却总是成为政府政策关注的焦点。

从权力视角分析，美国现代城市很大程度上体现了资本主义商业及市场的权力，但这种权力的行使并不是通过领导与支配的方式进行的，而是以规训的方式，通过意识形态及文化的包装下获得“体制性眷顾”，使商业的力量在多数情况下处于竞争的有利位置，并在城市的利益角逐中获胜。但同时，美国现代城市的发展一直处于权力角逐的动态之中，这期间也不能忽略政府、社会等力量的作用。尤其是20世纪美国政府开始对经济进行的宏观调控；以及社会这只“隐形的手”对城市空间的影响，如草根阶层的社会运动、文化思潮的演进，或是社会舆论的压力等，都在无形中与其他力量进行着角力，并影响着政府的决策与事件的结果。在今天美国城市空间舞台上的资源角逐过程中，企业、政府及市民所组成的各种利益群体，都从各自的需要出发，使用自身的权力资源，各群体间相互竞争或合作，以期使结果偏向自身的利益。而其中各竞争群体间的关系是不平等的，那些具有更多权力资源的群体一般会获得支配性地位，使最终的结果总是偏向于某些集团。在现代美国城市中，受到上述体制性眷顾的群体多为商业企业群体。因此可以说，美国现代社会及政治制度依旧是维护支配性权力组织利益的工具。

（四）空间的社会属性：权力视角

资本主义时代的空间差别性加大，空间价值变得越发不平衡。与此同时，资本在追逐利润的过程中不断创造着新的地理形态。因为空间结构是可以改变并被持续地构建出来的，而投资收益在社会空间中又分布得十分不均匀，所以在资本与城市形态时刻进行着互动：城市建筑被资本投资持续塑造的同时，所造成的空间价值不平衡又会吸引资本做出相应的反应，最终体现在城市的空间层面，并将此互动循环进行下去。因此，城市的面貌、规划、交通设施，及其中的建筑物安排，都表达了资本的意志。

随着历史的发展，不同的城用权力和财富不断地创造着不同类型的人。而这些分工方式又反过来慢慢固化到人的思维中去，因此，从某种意义上来讲，统治者通过这些专门化的劳动对底层群体进行奴役。在古代城市，唯有统治阶级可以脱离某种职业的束缚而生活。在这方面，芒福德曾提到了印度种姓制度“专门化劳动的整个系统在印度已经细腻到如讽刺漫画的程度，那里种姓团体，以至种姓团体内更细微的分工划分，都已世代相传”①。从这个角度上来说，城市发展到现代，所衍生出来的各种职业千变万化，但从本质上来讲，很多缺乏创造力的职业都是为固化权力结构而产生的衍生品。

此外，无论是宗教政治中心，还是王权统治中心，无论是东方还是西方，古代城市本质上都是为了维护要么是宗教群体，要么是贵族群体的特权。虽然古代城市中也存在着一些商业交易活动，但相比于现代城市来讲，古代城市在本质上是相对抑制商业的。

而在现代城市中，商业的逻辑更为明显，但其权力的来源以及行使途径已完全不同于以往。古代社会中权力的行使往往是通过权威、支配、控制等来进行压倒性的领导的；而在现代社会中，权力的来源或行使资源更加多元和隐蔽。罗迪斯（R. W. Rhodes）将这种权力的形式途径及来源定义为“权力资源”（bases of power），并将其总结为五个方面：权威、合法性、资金（财政使用的能力）、信息（掌握或能够获取信息的能力），以及组织结构（包括人力资本、专业技术、土地和设备等）②。权力资源是现代社会中各权力间竞争、合作的基础。那些拥有较多权力资源的群体在城市舞台上的竞争与博弈中往往会占据优势，最终主导了政策的制定和斗争的结果。

① Lewis Mumford, the City in History, San Diego: Harcourt, Inc., 1961, P. 112.

② Rhodes R. W., Understanding Governance, Policy Networks, Governance, Reflexivity and Accountability, Buckingham: Open University Press, 1997.

综上所述，社会阶层的分化无论是在古今中外，都必然带来权力的分化与不平衡。而因各种利益诉求而聚集起来的商业的、社会的、政府的权力力量，为争取自身利益的最大化，不断地在城市空间中进行着权力的角逐。虽然在现代社会制度下，各利益群体所能支配、运用的权力资源与古代社会有所不同，游戏规则也发生了变化；但城市空间在本质上，依旧体现了社会组织中获得支配性权力的力量表达。总的来说，古代城市的建筑中心多围绕教堂、庙宇或皇宫而展开，体现了宗教与贵族、皇权在该社会的支配性力量。而相比于古代社会，在现代社会中，商业建筑成为大多数资本主义城市的中心，体现了商业力量的上升及其优势地位。

二、资本的扩张性：更宽泛的时间与空间视角

按照马克思的资本一般公式 M－C－M′，投资的目的是使货币增值。那么如果资本家发现某种投资并不能继续带来更大的利润的话，就会转向其他更有利可图的投资形式。因此，资本的另一个特点是其流动性，即哪里成本低、利润高，资本投资就会流向哪里。从这个意义上来讲，资本投资于生产，只是作为一种手段。因而土地与空间是作为获得剩余价值的工具的。而保持资本的流动性也就意味着有可能实现更大的利润。资本的这种流动性造成 20 世纪资本主义生产关系在地理空间上的不断扩张。阿瑞基在《漫长的 20 世纪》中描述了这个世界资本主义历史扩张的过程，并将其分为各个体系积累周期，包括热那亚周期、荷兰周期、英国周期，再到美国积累周期，甚至今天的全球化。阿瑞基分析认为："资本在积累到一定程度时，会克服空间的障碍，冲破限制其发展的边界。具体表现为，当资本所塑造的空间成为资本进一步积累的障碍时，受固定地点限制的资产便与资本的空间流动性间产生了矛盾。这时空间地理就面临着重组与再塑造"①。19 世纪中后期铁路等交通技术的革命使资金越过地理空间的成本大为降低。资本的流动性和扩张性在过去的一个多世纪里深深地改变了地球的面貌。在这个过程中，资本不断地冲破已有的空间障碍，寻找新的进一

① 杰奥瓦尼·阿瑞吉. 姚乃强、严维明、韩振荣译. 漫长的 20 世纪（中译本）. 江苏人民出版社，2001：6.

步扩张的可能性。具体表现为，越来越多的地区被资本主义化。而欧洲向北美洲的移民过程，就可以看作是这样一个改变原有的印第安生存空间，将其资本化的过程。因此可以说，资本的扩张性也是全球化的动力。

（一）美国转变为城市国家背后的资本权力

城市这个词语囊括了很多内容。《辞源》一书将城市解释为人口密集、工商业发达的地方。我国《城市规划基本术语标准》中则将城市释意为：城市是以非农业产业和非农业人口集聚为主要特征的居民点。在中国，包括按国家行政建制设立的市、镇。实际上，正是由于城市研究的复杂性和多维性，许多西方城市地理学研究者都已从各个角度对其加以定义，其中较为经典的包括：褐石（Hirsh）从经济学角度观察城市，认为城市是具有相当面积、经济活动和住户集中，以致在私人企业和公共部门产生规模经济的连片地理区域。巴顿（Button）则将城市定义为一个坐落在有限空间地区内的各种经济市场——住房、劳动力、土地、运输等——相互交织在一起的网络系统。从地理学角度的定义中，莱特兹（Ratzel）认为地理学上的城市，是指地处交通方便环境的覆盖有一定面积的人群和房屋的密集结合体。而从社会的角度来看，巴多（Bardo）和哈特曼（Hartman）写道：按照社会学的传统，城市被定义为具有某些特征的、在地理上有界的社会组织形式。人口相对比较多，密集居住，并有异质性；至少有一些人从事非农业生产，并有一些是专业人员；城市具有市场功能，并且至少有部分制定规章的权力；城市显示了一种相互作用的方式，在其中，个人并非是作为一个完整的人而为人所知，这就意味着至少一些相互作用是在并不真正相识的人中间发生的；城市要求有一种超越家庭或家族之上的“社会联系”，更多的是合理的法律。

最初北美大陆是印第安人的居住空间。而后欧裔殖民者到达后，最初主要集中在东海岸，但总的来说，在相当长的一段历史时期内，美国从本质上来说，应该属于农业国家。直到19世纪的美国工业革命极大地改变了该大陆的地理面貌。同时，伴随着工业化的推进，美国开始城镇化的进程。实际上，当时90%

以上工业企业都集中在城市，这说明工业化与城市化密不可分的因果关系[①]。特别是如果考察英语中 city 这个词的含义随着时间的变化，就会发现其包括的内容也有所改变。它曾经指的是欧洲的城邦，或教堂城。而在 18 世纪英国刚刚发生工业革命后，英语中的 city 曾一度特指伦敦[②]。可见现代城市是资本主义工业化所改造的典型空间形态。而本书案例一中的阿帕拉契亚农业区到矿业小镇的转变就是在这样的时代背景下发生的。

正如哈维指出："空间和空间的政治组织体现了各种社会关系，但又反过来作用于这些关系"[③]。一方面现代城市是资本主义生产关系与社会结构的体现；另一方面，新生产出来的空间被各种社会关系所填充，其中各方产生新的互动又会反作用于城市空间的表现。此后，美国城市化的进程不断推进。人口源源不断地从外乡或欧洲迁往美国城市，城市空间结构也不断扩张、复杂化。

（二）更宽泛的历史视角——内城的功能转变

以肯尼斯·福克斯为代表的诸多学者将 20 世纪六七十年代，大量中产阶级和一些制造业迁往郊区的过程称为"郊区化"[④]。同时，也有许多学者指出"郊区化"的定义是不准确的。他们认为，内城人口减少，郊区人口增加的现象实际上是美国大都市区发展的附带效应，即城市的爆炸性增长蔓延到周边郊区[⑤]。本书比较赞同后者的观点，因为从资本改造空间形态的角度来看，美国在六七十年代城市功能存在着两方面的重要转变：一是美国城市在资本投资赚取利润过程中，开始从以制造业为主转向以金融商贸为支柱；二是跨国企业在全球的蔓延，并形成全球生产经营的产业布局。

首先，20 世纪 60 年代美国制造业迁出内城的同时，城市内法律、金融、保险、营销等公司迅速壮大。美国城市的功能也随之转变为信息、流通中心和

① Arthur Schlesinger, the Rise of the City, 1878 - 1898, New York: Macmillan, 1941, P. 80.

② Raymond Williams, Keywords, New York: Oxford University Press, 1983, pp. 55 - 57.

③ David Harvey: Social Justice and the City, Baltimore: Johns Hopkins University Press, 1973, P. 306.

④ 近年有学者认为"郊区化"的定义是不准确的。持该观点的学者认为，郊区发展的现象实际上是美国大都市区发展的附带产品，即都市的爆炸性的增长辐射到周边郊区，而不应孤立地看待郊区化趋势这一现象。本书比较赞同该观点。

⑤ 王旭. 美国城市史. 中国社会科学出版社，2000：173.

商务决策中心。这个阶段按照杰奥瓦尼·阿瑞吉在《漫长的20世纪》中所描述的资本扩张周期来看，美国周期的资本生产此时进入了“金融扩张”阶段。阿瑞吉将历史资本主义在全球的扩张分为热那亚体系周期、荷兰体系周期、英国体系周期、美国体系周期等扩张周期，并认为在每个周期中都存在着物质扩张和金融扩张两个阶段。在物质扩张阶段，资本获取剩余价值的途径主要通过资本—生产—更多的资本，即MCM′；而到了金融扩张阶段，资本则跳过生产这道“工序”，直接通过贸易及无形的金融市场获得资本的增值，即M－M′①。

20世纪70年代初美国经济滞涨，传统制造业受到巨大冲击，城市失业问题严重，面临“内城衰落”的状况。其中罗伯特·福德尔森认为：“当资本主义生产的某一发展阶段所塑造的地理成为进一步资本积累的障碍时，受地方限制的固定性和资本的空间流动性之间的张力便爆发一般性危机……（这种危机）对地方的地理构型展开重塑。而当新的地方创造出来的时候，老的地方不得不贬值、破坏和重新开发。于是曾经的古城变为遗产中心，煤矿小镇成为鬼城、底特律也濒于破产；与此同时，投机性发达市镇或者高尚社区在非工业化社区的灰烬中诞生……”②。可见，旧有内城的衰落与郊区和新城镇的发展是一枚硬币的两面。

本书的第二个案例选取了这一时期美国旧金山将旧有的海港码头改造为滨海历史文化及消费区的过程。目的就是将该过程放到更宽泛的世界资本结构浪潮中进行分析。自20世纪70年代后，世界许多原有的中心城市都面临着巨大的资本重组浪潮。这些城市很快发现自己需要与其他地方竞争高度流动的资本。而良好的城市基础设施、城市环境，甚至文化和社会生活等都能在一定程度上吸引外部资本的投资③。因此，旧金山海港码头的改造一定程度上是一个争夺文化和象征意义，恢复消费吸引力的例子。这在美国许多地方争做宜居城市的浪潮中也有所体现，吸引的不仅是金融投资办公总部，还有吸引消费的目的。建设新的消费娱乐区成为促销手段，它使所在空间对消费和资本更具竞争性。

---

① 杰奥瓦尼·阿瑞吉.姚乃强、严维明、韩振荣译.漫长的20世纪（中译本）.江苏人民出版社，2001.

② 罗伯特·福德尔森.下城（中译本）.上海人民出版社，2010.

③ 大卫·哈维.胡大平译.正义、自然和差异地理学（中译本）.上海人民出版社，235－335.

兴建好的旧金山渔人码头吸引着成千上万的人来这里消费、娱乐。从资本投资的角度讲，它的目的是对该海港区的历史与文化进行投资投机，将其改造为一个新的商业促销消费区，从而获得利润。因此，从这个角度上来看，旧金山历史文化区是被建构出来的。

（三）更宽泛的地理视角——全球化对地方地用变更的影响

旧金山海港码头改造为休闲消费区的另一个背景是在世界经济逐步走向全球化的过程中，原有的旧金山单纯依赖传统港口作为经济来源的经济模式已经基本崩溃，且其颓势已经无法挽回，必须寻找新的出路的情况下进行的。全球化是指将不同国家与地区经济、社会和文化紧密联系起来的进程，它不仅是经济、技术上的，也是文化、语言上的。不同地区间的交流早在几个世纪前就存在，广义上来讲，14～15 世纪新航路的开辟就已经开启了经济全球化的进程。但当时交通运输的成本比较高，所以为成本考虑，生产需要在距离能源产地和市场相近的地方进行。因此 19 世纪工业化早期的工厂要么靠近煤炭产地，要么邻近大城市。而狭义的全球化则是指第二次世界大战后，特别是 20 世纪下半叶，随着布雷顿森林体系的建立，跨国公司与国际组织的力量迅速蔓延到全球的过程。而 80 年代随着交通技术发展，运输成本下降，工厂地点也有了更多的选择，全球化的进程明显加快。在发展中国家，因为工资水平，也就是劳动力成本较低，所以许多跨国公司将旧有的工业生产转移到那些劳动力便宜又听话的发展中国家。经过多轮产业在全球范围内的转移，现在很多跨国公司形成了总部位于美国的大都市，研发部门位于环境优美的郊区，生产线则在劳动力低廉、环保管制较为宽松的发展中国家的区位格局。这样的布局就像是一个权力与资金流动的全球性网络。网络的节点与脉络冲破了传统的国家领土边界，创造了一个新的空间维度，在这个维度中，全球经济、社会的空间得以重组，其中的生产与社会关系也随之发生了变化。在这个新的以商业逻辑为主导的空间维度中，跨国公司成为这个新的舞台上的重要权力体。

全球化是资本的无限积累性、扩张性所导致的结果。资本投资的中心目的是获取利润最大化。因此具有流动性的资本会在空间上向低成本、高利润的地方转移。而在流动性方面，劳动是相对固定的，资本却比较自由。作为劳动力的人口并不能随意在不同国家之间移动，而是被牢牢固定在特定的地理空间内，从事生产线上的固定工作；而资本则自由得多，哪里成本低，利润高，资本投资就会流向哪里。这种差别从乐观的方面来讲，促进了穷国的经济繁荣，使这些国家能用自然资源或低廉工资来吸引投资，同时发达国家的消费者也获得了低廉的物品。但资本的全球化蔓延并不是一个利益均沾的历史过程，而是形成了一种发达国家与发展中国家间的二元结构。全球化也带来了国家间收入的巨大不平衡，并伴随着跨国企业在国际舞台上成长为重要的经济与政治力量，甚至改变了传统的全球的政治经济结构①。哈维将这种二元结构定义为“不平衡地理发展”，并指出地理不平衡发展与等级性的世界劳动分工体系紧密相连②。在资本主义的空间中，资本不断积累到一定程度，产生了盈余的资本，亟须通过地理上的扩张来创造新的投资机会。为了持续获利，通过便捷了的现代运输体系，资本在全球寻找廉价的劳动力和资源、土地等。这个全球化的过程被哈维批判为“剥夺性积累”，即寻找可以用极低的价格释放空间、劳动力等资源的空间，由过度积累而产生的盈余资本利用这些新释放的廉价资产，迅速进行盈利活动③。这一全球化的过程实际上是对发展中国家资源、能源、劳动力，以及生态环境等的掠夺。

今天全球化背景下的跨国公司政治影响力已十分关键，有学者认为跨国公司已成为世界政治舞台上重要的权力体。在美国国内，大公司通过资金赞助、政府游说等方式对美国政治施加影响，以期获得某些竞争优势；而这种趋势也蔓延到国家间的政治活动中。无论是美国对里海石油国家的拉拢开采，还是对中东地区的战争，背后都有大企业利益的影子。甚至烟草跨国公司一直对世界健康组织及其他国家游说，影响世界各销售市场的烟草控制法案④。因此，全球化削弱了许多国家政府对本国经济、社会政策，以及法律体系等的控制力，甚至改变了世界的权力结构。在制度层面，哈维将这种以美国主导的全球化的结构称为“新帝国主义”。其本质是资本主义生产方式再全球范围的扩张，各

---

① P. Hirst & G. Thompson: Globalization in Question, Cambridge: Polity Press, 1996.

② 哈维. 初立忠、沈晓雷译. 新帝国主义（中译本）. 社会科学文献出版社，2009：77.

③ 哈维. 初立忠、沈晓雷译. 新帝国主义（中译本）. 社会科学文献出版社，2009：121.

④ P. Hirst & G. Thompson: Globalization in Question, Cambridge: Polity Press, 1996.

种国际政治与经济制度与规则首先反映了美国等发达国家的利益[①]。

苏珊·斯特兰奇在其《国家与市场》一书中指出，仅仅问权威在哪里，也就是谁掌握着权力是不够的，重要的是权力的来源，即为什么它拥有权力。在前面中曾分析指出权力有两种，其中联系性权力（relational power）指的是拥有权力的一方迫使另一方去做本不会做的事；而另一种权力——结构性权力（structural power）则是决定游戏规则与事态运行方法的权力。[②] 在全球化时代，国与国之间、各合作组织机构的运行，以及各行各业的生产、销售链条等，都不得不在一定的经济、政治框架与结构内活动。跨国公司的权力来源来自其对世界生产结构、货币金融结构，甚至是文化、知识结构的掌控。例如，跨国公司对现存或未来投资的控制权等方面，产业链条低端的发展中国家，各国生产地之间已在人工工资、产品价格等方面形成有利于投资方的激烈竞争。跨国公司的投资控制权及生产方激烈的竞争，迫使生产地政府在法规制度、环境污染等方面予以让步，各发展中国家的厂商纷纷压低人工成本以获得相应的竞争优势，争取投资。此外，跨国公司还通过各种国际认证、生产守则、贸易协定等获得了非直接的权力优势。正是通过上述机制与方式，跨国公司将自身利益最大化，并获得了持续的资本积累。此外，货币、资本是这种货品流动的载体，它作为一种社会权力的形式，拥有者可以通过货币对物进行支配，并进一步将其转化为对人的支配。但是作为权力的不同国家货币在相互流通过程中却受到国家政治力量的影响，使国际货币不是平均的和分散的，而是某种货币（如美元）在世界交换体系中获得了某种特殊的霸权权力，成为一种控制财富流向的特权手段。

在全球化的政治、经济体系中，相比于具有强迫特点的联系性权力，跨国公司的权力更多来自结构性权力。即通过全球市场的运行方式获取隐蔽的优势。在这个过程中，跨国公司（其中美国公司占到压倒性多数）因为历史的原因，占有决定性的优势与特权。而产业链的低端生产者并非因为强制性或被胁迫地加入世界的经济体系，而是不得不自愿地按照权力拥有者所期望的那样加入已

---

① 哈维．初立忠、沈晓雷译．新帝国主义（中译本）．社会科学文献出版社，2009：65－78．

② 苏珊·斯特兰奇．杨宇光译．国家与市场（中译本）．上海人民出版社：20－21．

设定好的全球经济体系。

克罗农（Cronon）研究芝加哥在几十年间迅速崛起为美国中西部门户城市的过程中写道：生活在城市中意味着在一个与地球上每一角落的人和地方都联系在一起的市场中消费商品和服务。当人们进行消费时，产品生产过程中所涉及的人和地方是不可见的、未知的和无法想象的。市场培育了难以想象的复杂的交换关系，并在刚刚生产他们的时候就隐匿起来不让人们看见①……芝加哥的迅速城市化看似是凭空崛地而起的，然而资本、市场等掩盖了城市与乡村的密切关系。在芝加哥崛起的同时，其商品集散来源的腹地也越来越开阔。但是纷繁光鲜的城市生活使人们忘记了买卖之物的最终起源。同样地，人们无法通过一双耐克鞋就立即看到它来自何方，是否是由中国工人在糟糕的工作环境与工作强度下生产的，而在层层生产、物流过程中，最初的生产者受到了多少利润的盘剥，付出了多少环境的代价。哈维在《正义、自然和差异地理学》中评述道："资产阶级对于污染问题只有一个解决办法：那就是把它们移来移去"②。因此，从这个层面上来讲，全球化的商品生产与交换体系就像一层面纱，掩盖了发达国家与发展中国家间贫富分化的完整故事，即"不平衡地理发展"。

三、舞台比喻的缺陷

回到本书所讨论的主题：地用变更舞台背后的逻辑到底是怎样的？一方面，土地作为一种稀缺资源，在每块地用功能的变化过程中必然存在着不同的利益体的争夺，其命运取决于不同"舞台角色"间的权力角逐结果；而另一方面，因为舞台是封闭的，有边界的，因此用舞台的比喻容易使人们将城市地用改造的过程看作是一个完全"内部"的过程，似乎该城镇内的各种权力互动是独立的，不受外部干扰的。而事实是，在现代社会权力角逐的更深层面，是资本在世界地理空间上扩张的内在逻辑在冥冥之中影响着，甚至决定了权力斗争结果的方向与范围。在案例一中，正是资本向阿帕拉契亚山区的农业区扩张的历史

① W. Cronon, Nature's Metropolis: Chicago and the Great West, New York: W. W. Norton & Company, 1991, pp. 378 - 384.

② 哈维. 胡大平译. 正义、自然和差异地理学（中译本）. 上海人民出版社：421.

时空，决定了该地区从农业社会向工业小镇转变的整体趋势，从而界定了当时小镇居民与矿厂方斗争结局的大致范围。案例二在半个多世纪后，小镇环保斗争的部分成功，并不全部取决于矿厂方与公民群体所掌握的权力大小对比，而是受资本扩张历史阶段的影响，即资本主义的全球扩张所伴随的工业产业外迁至劳动力和环境成本较低的欠发达国家，同时美国产业结构升级，进入金融扩张阶段的历史趋势。在全球化的外部影响，或者说是在更宽泛的历史与地理视角下，案例三中旧金山湾区从港口向历史文化区的地用转变的案例说明，在全球化的今天深刻地影响了地方的经济结构、产业布局，以至于地用变更的发生、结局，及变更的后续影响。因此，我国的调整产业结构，对土地用途的变更等是一个非常复杂的问题，不仅涉及地方利益相关方，同时还需将地用变更放到更为宽泛的历史发展与空间结构中去进行理解。

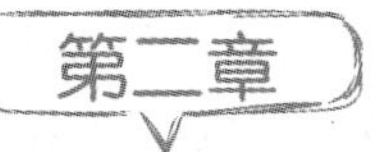

案例一：阿帕拉契亚煤炭小镇的诞生

地用的变更作为一种物质的表达，其背后隐藏了广阔的社会内涵。城市用地的布局、用途、外观等是该城市的社会中权力竞争和分配的产物，从某种程度上讲，建筑是其所在社会的政治结构作用的结果——即权力是如何分配和行使的。本章选取了西弗吉尼亚南部的矿业小镇作为案例，考察了其自19世纪中期到20世纪末，从传统的农业区，到煤矿工业镇，再到煤矿业衰落的地物变更历史过程。希望将这种地用变更的过程放到更为宽泛的社会结构、政治权利和人类行为的角度进行思考，力图最终提取出建筑环境在被生产的过程中所经历的权力行使及斗争的模式，特别是与其所处的社会历史状况的密切作用。

阿帕拉契亚（Appalachia）山脉纵贯美国东部，北至加拿大贝尔岛（Belle Isle），南至美国阿拉巴马州，富有煤矿、木材等多种自然资源，本章选取的调查地点在西弗吉尼亚南部，处于阿帕拉契亚山区的煤矿产区，但与美国主流社会相比，该地区的生活水平一直相对贫困、闭塞。毫无疑问，该地区在土地功能用途转变的过程中，发生了许多事件和冲突。本章将仅从地物变更的角度入手，将案例分为两个重点考察部分：从农业镇到煤矿小镇的转变过程中权力分配的变化；以及煤矿工业衰落过程中的权力斗争原因及结果的分析。

本章分析西弗吉尼亚地区从农业镇到工业镇的地物变更过程中所伴随的权力斗争与转移。伴随新的产业机会的到来，西弗吉尼亚南部地区的社会构成与结构是怎样相应发生变化的。

第一节　舞台的布景

18世纪，欧洲殖民者已从美国东海岸向西扩张到了阿帕拉契亚山脉，定居下来的欧洲移民大多靠少有余粮的农业为生，家族纽带在当地的农业生产关系中起着强大的作用。在西南弗吉尼亚山区的地形上修筑公路、铁路十分困难，因此19世纪早期此地更多的还是靠水路。① 19世纪中期曾有计划在西弗吉尼亚的塔歌谷（Tug Valley）进行煤炭开采②，但由于随后的美国内战、运输技术的限制、该地区多山的地形等原因使该地区的矿产资源一直难以输出利用。直到19世纪70年代，美国工业革命如火如荼，技术突飞猛进的同时，工业力量也逐渐取得了更多的政治能量。工业产业迅速增长的能源需求，使实业家将目光投向了西弗吉尼亚的煤炭和木材资源，并促使齿轮蒸汽机车在19世纪末通到了西弗吉尼亚边远山区，成为此地无数煤炭工业小镇如雨后春笋般诞生的前奏：

> “1881年，一群野心勃勃的银行家和投资家骑着马来到了西弗吉尼亚边界的偏远山区，登上了平顶山（Flat Top Mountain），他们惊讶地发现，山顶上堆满了12英尺（约合3.67米）厚的煤层。他们当即就开始计划开采这里的煤矿……”③

促使西弗吉尼亚工业小镇迅速诞生的原因是多种多样的，罗纳德·路易斯（Ronald Lewis）、理查德·豪福斯塔德（Rechard Hofstadter）、艾米·布拉斯科（Amy Belasco）等人在各自的作品中均有所论述。综合来说，主要的驱动力来自三个方面：

第一，美国工业革命后对能源的需求迅猛增长。以蒸汽机车代替手工制造的第一次工业革命首先从18世纪的英国开始，不久后劳动力较为缺乏的美国也迅速进入了工业革命时代。到19世纪上半叶，机器制造工业已在美国大范围地扩展开来。在这期间，美国赢得了独立战争的胜利，之后的南北战争也标志着以工业力量为代表的北方最终战胜了以种植园为主的南方农业力量。在这个过

① Allen W. Batteau, the Invention of Appalachia, Tucson: University of Arizona Press, 1990, pp. 3 – 24.

② Christopher Dorsey, Southern West Virginia and the Struggle for Modernity, North Carolina: McFarland & Company, Inc., Publishers, 2012, P. 15.

③ Ronald L. Lewis, Transforming the Appalachian Countryside: Railroads, Deforestation, and Social Change in West Virginia 1880 – 1920. Chapel Hill: University of North Carolina Press, 1998, P. 76.

程中，美国经济也从原先的以农业为支柱的经济，转到以机器制造为代表的工业经济。根据美国国家经济研究局的工业生产数据统计，美国的工业产值在1790年还是4.29，而到了1913年则增长到了1975.00，相当于增长了460倍。[①]而无论是蒸汽火车、轮船，还是制造业中所使用的各式蒸汽机车，都需要煤炭能源提供动力。与其他能源相比，美国煤炭资源丰富，且开采成本较低，因此在美国第一次工业革命及其之后（直到20世纪上半叶[②]），煤矿开采一直都是美国工业生产和运输业的首要能源。美国的煤炭总产值自1890年起基本每十年都要翻一番。1850年煤炭产值约为840万吨，到1970年增长到4000万吨，1900年是2.7亿吨，1918年则达到了顶峰，为6.8亿吨。[③] 在此期间，市场的需要和利润的趋势，促使资本家在各地寻找煤炭资源。阿帕拉契亚山脉的煤炭资源丰富，且多为地表煤，开采成本较低。这也就不难解释前面所提到的1881年投资者来到西弗吉尼亚山区，见到平顶山厚达12英尺的煤层后的惊喜，之后迅速进行投资、开采，工业小镇雨后春笋般地出现了。

第二，随着工业的大发展，产业力量在政治、社会、文化层面也有所上升。当时内战花费很大，因此战后的联邦政府亟须资金偿还战争款项，据相关资料[④]评估，南北战争的直接、间接花费总数超过了百亿美元（合现在的千亿美元）。因此当时的共和党和民主党都十分注重经济的发展。内战后共和党首先赢得了联邦政府的主导位置，而当时在发展理念方面，实际上共和党和民主党基本达成了共识。“当时的政治环境是，个人私利代替政党利益左右着政治决策”。[⑤] 而在社会文化层面，涌现了抓住时机迅速致富的思潮。那个时代被后人称为美国历史上的镀金时代，许多资本家都是从底层或中层阶级中白手起家而发家致富的，其中不乏一些投机分子。甚至许多人认为，聪明人发家的最好办

---

① Industrial Production Index, National Bureau of Economic Research，查自 http：//www.nber.org/data/industrial－production－index/ip－total.html。2013年7月4日登陆。

② 即便到美国第二次工业革命（电力时代）之后，煤炭也一直作为发电的重要能源。

③ Coal Mining Industry Report, IBISWorld，查自 http：//www.ibisworld.com/industry/retail.aspx? indid＝108&chid＝7。2013年7月4日登陆。

④ Economics of the Civil War, EH. Net Encyclopedia, Robert Whaples, ed. 查自 http：//eh.net/encyclopedia/article/ransom.civil.war.us。2013年7月4日登陆。

⑤ Ronald L. Lewis, Transforming the Appalachian Countryside：Railroads, Deforestation, and Social Change in West Virginia 1880－1920. Chapel Hill：University of North Carolina Press, 1998, P.106.

法就是通过还不太完善的经济法规，钻法律空子来获取巨额利润。因此许多资本家通过“剥削工人，贿赂官员，进行商业间谍活动、雇佣武装警卫，甚至采取威胁、阴谋或非法武力的方法积累了巨额财富”。[①] 大名鼎鼎的安德鲁·卡内基（Andrew Carnegie）、约翰·摩根（J. P. Morgan）、约翰·洛克菲勒（John Rockefeller）等都是在镀金时代涌现成为具有支配力量的强大资本力量的。正是在这样一种热情与贪婪下，富产煤矿、木材的阿帕拉契亚山区得到了迅速的经济“发展”，为美国的经济腾飞集聚了大量财富。可以说，西弗吉尼亚的煤矿为美国保持工业革命后的产业扩张起到了十分重要的作用。

第三，对能源的需求，以及产业力量地位的上升刺激了运输业的发展。为满足市场对能源的巨大需求，必须将西弗吉尼亚山区的矿藏和木材等财富运送出去。这样一来，数十年前就计划修建，但迟迟没能动工的铁路开始迅速地、大规模地兴建起来。1870～1900 年的三十年间，四条铁路干线延伸至阿帕拉契亚中心。其中 N&W 和 C&O[②] 两条铁路对西弗吉尼亚工业小镇的兴起至关重要。因为这些铁路干线不仅延伸到生产煤矿和木材的山区，而且带动了铁路沿线大量煤矿公司和伐木公司的建立。在 N&W 沿线经过的美世县（Mercer）、麦克多维县（McDowell）和明戈县（Mingo），出现了成百上千家煤场；而在 C&O 沿线，也有 75 家煤炭企业开始运营。[③]

第二节　舞台音乐：工业化的前奏

最早的欧洲殖民者在西弗吉尼亚的定居时间可以追溯到 18 世纪。在以农业生产为主要生产方式的几代人之后，“宗族关系”（kinfolk 或 kinship band）成为西弗吉尼亚的社会形态中十分重要的一个方面。特别是在田纳西、肯塔基和弗

① Richard Hofstadter, The American Political Tradition and the Men Who Made it, New York: Vintage Books, 1989, pp. 213－216.

② N&W 全称 Norfolk and Western；C&O 全称 Chesapeake and Ohio.

③ Randall Gene Lawrence: "Appalachian Metamorphosis: Industrializing Society on the Central Plateau, 1860－1913." Ph. D. dissertation, University of Kentucky, 2000. P. 42.

吉尼亚等地，在自给自足的小农文化和宗族土地所有制的基础上，形成的地方权力结构具有鲜明的血缘特征。[①] 宗族纽带的形成很可能是因为，在农业生产条件下，人口流动性较低，且农业的生产也需要家族中不同年龄层人口的相互协作。这样一来，定居者的后代形成大家族则有利于农业生产和整个家族的生存。宗族血亲关系也就逐步成为农业生产过程中不同个体的联系纽带。这一点推测也与中国等其他以农业生产为主导的民族中，宗族观念和宗族关系再生活生产中的重要性相符。在本章的下一小节中，还将涉及工业化之后，小镇人口的外迁及伴随的宗族体系的瓦解。柯兰达·史福莱特（Crandall Shifflett）则认为，农业耕种的艰难是促使宗族合作的主要原因，农民为了生存不得不以大家族为单位进行合作，久而久之，这种文化在当地人的个性、劳作和生产生活、社会组织方面都留下了烙印。[②] 在随后的工业化过程中，宗族文化也影响了该地区的家庭、土地和权力更迭变化过程。

与后来一些反工业化的人所描绘的相反，工业化之前的阿帕拉契亚山区并不是一个与世无争纯洁无瑕的“世外桃源”。首先，19 世纪的西弗吉尼亚已经活跃着一些小的商业活动，特别是在卡纳瓦谷地（Kanawha Valley Region），还可以查到有关皮革、高丽参和盐矿的交易记载。[③] 特别是当地的盐业储量丰富，在当时卡纳瓦的盐业公司曾颇具影响力，并促使该地区成为美国首例尝试成立以工业为基础的信托基金地区。这正是古典政治经济学理论颇为流行的时代，当时主流观点认为，最好的政治经济体系是能将财富总量最大化的制度，而很少考虑财富的分配与分布。到了 19 世纪下半叶，美国的主要肉类食品加工地西移至芝加哥，并且随着铁路工业的发展，作为腌肉所需的盐从离芝加哥较近的其他地方，或铁路沿线运输变得更为合算。而西弗吉尼亚地处山区，以往通常通过水路运输盐，又远离芝加哥，因此西弗吉尼亚盐业生产逐渐衰落，到 1850

---

① Christopher Dorsey, Southern West Virginia and the Struggle for Modernity, North Carolina: McFarland & Company, Inc., Publishers, 2012, pp. 1 – 2.

② Crandall A. Shifflett, Coal Towns: Life, Work, and Culture in Company Towns of Southern Appalachia, 1880 – 1960, Knoxville: University of Tennessee Press, 1991, P. 11.

③ John E. Stealey III, “Kanawha Prelude to Nineteenth – Centrury Monopoly in the United States: the Virginia Salt Combination”. Thesis, Virginia Historical Society, 2000. 查自 History Department of Shepherd University: http: //www. shepherd. edu/historyweb/faculty. html.

年该地区就只剩下一家盐厂了。[①]

第三节 舞台上的人物

一、乡绅等本地权贵阶层

部分由于本地盐业工业的衰落，当时西弗吉尼亚在某种程度上处于面临着旧产业衰落，亟须新产业刺激经济的阶段。这也就不难解释当时本地人对外部资本进入的欣然接受之情了。据记载，当时西弗吉尼亚权贵阶层实际上是“张开双臂”欢迎外来的采矿资本的进入与占领的。当时本地的权贵阶层，包括官员、商人，以及各行各业的成功者都非常期盼工业化和现代化将带来的机会与发展。柯兰达·史福莱特曾论证当时的官员宣称的“向所有的投资资本敞开大门”。[②] 而根据 1881 年尼可拉斯（Nicholas）当地的报刊“Chronicle”[③] 上的报道和文章可以发现，当时富有的乡绅也非常愿意，甚至是迫不及待地将自己的土地出售给各个煤炭公司，并且对本地行将进入“现代化”而心怀渴望。仅在 1881 年 5 月 20 日的报刊上就登载了大量出售土地的广告。因此，这一过程并不仅仅是简单的外来资本掠夺的过程，而是掺杂着合作与期望的过程。但土地从当地分散的农民手中到大资本控制下的煤炭企业、木材企业手中的大规模转移，也为本书后面分析的该地区社会冲突案例埋下了伏笔。

当地村民对工业小镇的美好憧憬无疑是非常自然的。毕竟采矿业、伐木业的发展提供了大量就业机会，并为当地经济做出了很大贡献。由于本书的侧重点并不在分析经济的发展，由于在这一方面并不详述。

---

① Allen Hayes Loughry, “Don’t Buy Another Vote. I Won’t Pay for a Landslide: the Sordid and Continuing History of Political Corruption in West Virginia.” Ph. D. dissertation, American University, 2003, P. iv.

② Crandall A. Shifflett, Coal Towns: Life, Work, and Culture in Company Towns of Southern Appalachia, 1880 – 1960, Knoxville: University of Tennessee Press, 1991, P. 6.

③ Nicholas Chronicle. Summersville, West Virginia, April 20th – May 20th, 1881. 查自 West Virginia Newspaper Archives: http: //www. genealogybank. com/gbnk/newspapers/explore/USA/West_ Virginia/。2013 年 7 月 4 日登陆。

二、外来资本

伴随着大量土地财富从本地人手中通过买卖转移到了外来资本手中的同时，新的土地所有者、外来小工商业者和产业力量也逐渐获得了一部分法律权力和金融权力。在这种权力交换的过程中，本地精英起到了为更富有、更有实力的外来产业家充当“中间人”的作用。这是因为这些本地上层阶级能够从这种“合作”中通过行使其所拥有的威望和主导权，进行利益的交换，从而为自己获得了更多的财富和权力。① 于是本地上层阶级逐渐沦为富有的工业资本的爪牙，他们常常利用自己的权威和权力来说服、影响，有时甚至逼迫当地众多普通人按照财大气粗的产业资本的意愿行事。② 这种地方权力结构的转变还伴随着广大年轻劳力从家庭农场中逃离出来，加入采矿和伐木业的劳动力市场中去。伴随人口增长、外来移民涌入、人口构成发生变化的同时，阿帕拉契亚中部地区当地的社会政治权力结构也开始发生了变化。

工业资本不仅建厂、生产，而且一些有实力有眼光的公司还为自己的雇员提供有偿的各种用品和服务，如建造住房、开办超市、甚至收集垃圾，维护治安等。就这样，对煤矿的需求促使了采煤业的扩张，而煤矿工厂的建立又吸引了大量移民涌入、同时从工厂衍生出来的各项服务促使各项基础设施的大规模建设，最后工业小镇诞生为相对独立、完整的经济体和社会组织。这些工业小镇的运转方式及组织结构从根本上转变了西弗吉尼亚地区的政治、社会和文化性质。带来了财富增长和经济机会的同时，其过程中所滋生的剥削投机、政治勾结腐败、暴力胁迫等手段也为后来劳工组织的斗争埋下了伏笔。③

三、劳工阶层

19 世纪末期西弗吉尼亚工业小镇的发展带来了该地区人口的迅猛增长以及

① Sari Lubitsch Tudiver, “Political Economy and Culture in Central Appalachia: 1790 - 1977”. Ph. D. dissertation, University of Michigan, 1984. P. 91.

② 同上，P. 110.

③ Charles Peter Davis, “the Impact of the Coal Industry on McDowell County, West Virginia”. Master's thesis, San Jose State University, 1997.

人口构成的急剧变化。采矿、伐木、铁路建设等创造了大量的劳动力需求。虽然当地一些农民确实放弃了耕种变为工人，但仍有大部分弗吉尼亚人选择继续耕作种植。而且即便更多的人转向产业工作，当地劳动力人口数量也很难满足产业的需要。这样一来，许多工厂就不得不大量雇佣欧洲新移民，或是解放了的黑奴。1870～1900年，有1000多万欧洲新移民来到美国，其中很多新移民刚刚下船就被招工到西弗吉尼亚地区，该地人口总数在20年间增长了近5倍①。增长的人口中许多是与当地村民种族背景不同的外来者，包括意大利人、波兰人、匈牙利人等欧洲移民以及黑人。1880年，在西弗吉尼亚煤矿工人中，外来移民占大约15%，而到了1915年，外来移民及黑人占当地煤矿工人的百分比超过了一半。② 这样一来，就打破了西弗吉尼亚地区近200年来种族单一、闭塞的状况。

从某种意义上来讲，工业小镇为当时的少数群体追求个人自由与争取平等创造了条件。对黑人来说，南北战争结束了奴隶制，黑奴获得了个人自由，但并不相应地白白获得自由的经济权利。而如果没有经济支持，突降的自由也可能意味着直接陷入贫困或无家可归。阿帕拉契亚山区煤炭产业的发展则为刚刚获得自由的非裔美国人提供了一种选择。撇开黑人是否能在工业小镇马上获得完全的平等不谈，单是煤炭产业工作对黑人劳动力的接纳就可以看作是促进非裔美国人向着自由与平等迈进了一步。特别是Keystone县等地区很快就出现了黑人报纸，麦克多维县在1909年的一篇报道里甚至欢呼道："麦克多维已成为来自南部的广大黑人工作阶级和中产阶级的自由之地"③。此外，工业小镇也为想摆脱农业家庭束缚的女性提供了前所未有的工作机会，为后来全国范围内的女权运动的开展提供了条件。

---

① Randall Gene Lawrence："Appalachian Metamorphosis：Industrializing Society on the Central Plateau，1860－1913." Ph. D. dissertation，University of Kentucky，2000. P. 51.

② West Virginia Miner Demographics，1880－1915. 查自 wikipedia，http：//en. wikipedia. org/wiki/List_ of_ West_ Virginia－related_ topics。2013年7月5日登陆。

③ McDowell Times，May 20，1909. 查自 West Virginia Newspaper Archives：http：//www. genealogy-bank. com/gbnk/newspapers/explore/USA/West_ Virginia/。2013年7月5日登陆。

四、工会

在工业化到来之前，人们心怀渴望。但短短的十几年之后，当工业小镇如雨后春笋般遍布西弗吉尼亚地区时，各种新的弊端与问题逐步形成或已浮出水面。工会就是在这种条件下才获得了发展。最初的工会比较分散，有“劳动骑士”“国家矿工联盟”和“矿工”等[①]。但早期并不活跃，后来1890年美国矿工联合会（United Mine Workers of America）在这些早期的并不太成功的工会组织基础上合并成立，并在后来的几十年中发挥了重要的作用。[②]

第四节　剧情：权力结构的变化过程

一、土地资本的转移与权力精英

如前所述，随着1870～1900年的三十年间，四条铁路干线延伸至阿帕拉契亚中心。带动了铁路沿线大量煤矿公司和伐木公司的建立。成百上千家煤场如雨后春笋般出现在这一地区。最初这些小煤厂的主人既有本地人，也有外部资本投资者。而外来投资多为北部资本或英国资本（British investors）。当时本地的西弗吉尼亚人对早期的煤矿和伐木业涉入颇深。例如，威廉姆森矿业与制造业公司（Williamson Mining and Manufacturing）就由本地的律师、政客和商人团体组建。正是因为此家公司，N&W铁路[③]没能在明戈县（Mingo County）成立一个分支产业（当时的铁路公司不仅铺设轨道，而且投资于采矿和伐木业）。

---

① 劳动骑士Knights of Labor，国家矿工联盟the National Federation of Miners，矿工Mine Laborers.

② Wikipedia：United Mine Workers of America，查自http：//en.wikipedia.org/wiki/United_Mine_Workers_of_America。2013年8月25日登陆。

③ N&W是Norfolk and Western的缩写，是1870－1900年间修建的通往阿帕拉契亚山区的四条大铁路之一，也是其中最重要的一条。这些铁路公司不仅铺设轨道，而且也投资于煤矿及伐木公司。

像这种失败的商业尝试往往会激起本地名流与外来产业之间的矛盾。①

正是由于无论是本地资本还是本地劳动力都有可能从新的产业机会中得到好处，因此当时许多本地人是非常欢迎并期盼着本地工业化的到来。早期的土地置换市场极为繁荣。仅 1881 年，当地的 Chronicle 报纸刊登了几十万公顷土地的出售广告，广告词中往往有“含矿土地”或“极适于耕种的良田”的描述。仅在 1881 年 5 月 20 日一天的报刊上就登载了尼可拉斯、克累和韦伯斯特县近二十万公顷土地的出售广告。② 买主既有外来资本投资者，也有某些本地西弗吉尼亚人。因此在这轮土地所有权置换的过程中，分散地散落在农民手中的土地逐渐置换到外来资本或集中到本地某些少数资本手中。单就西弗吉尼亚本地资本来说，例如某地三大工业—政治家（Industrialist - politicians），约瑟·卡姆登（Johnson N. Camden）、亨利·戴维斯（Henry Gassaway Davis）和史蒂芬·艾金斯（Stephen B. Elkins）。当时人们称赞他们是“第一个将发展的铁轨带进广袤的边远林地，必将给蛮荒的西弗吉尼亚中北部的生活带来翻天覆地的变化”。③ 下面让我们来分别看看西弗吉尼亚这三位本地“权力精英”的情况。

卡姆登的产业涉及西弗吉尼亚工业革命浪潮中的几大支柱产业，包括伐木、铁路、煤矿和石油产业。他创建了卡姆登联合石油公司（Camden Consolidated Oil Company），还主持了一些短途铁路线的铺设工程，并和另两位权力精英：戴维斯和艾金斯共同收购了新铁路沿线所经波卡洪达斯、尼可拉斯和韦伯斯特县的 20 多万英亩土地。卡姆登与达维斯都是西弗吉尼亚中央铁路的合伙人，他曾担任西弗吉尼亚和匹斯堡铁路公司的主席。此外，卡姆登还曾于 1881 ~ 1887 年任美国参议员。④

戴维斯则既是州参议员，也是联邦参议员。虽说身为政府公务人员，但他

---

① Rebecca Bailey: “Matewan Before the Massacre: Politics, Coal, and the Roots of Conflict in Mingo County, 1793 - 1920.” Ph. D. dissertation, University of North Texas, August 1994. pp. 35 - 37, P. 40.

② Nicholas Chronicle, April 22, May 20, and October 13, 1881. 查自 West Virginia Newspaper Archives: http://www.genealogybank.com/gbnk/newspapers/explore/USA/West_ Virginia/。2013 年 8 月 20 日登陆。

③ Ronald L. Lewis, Transforming the Appalachian Countryside: Railroads, Deforestation, and Social Change in West Virginia 1880 - 1920. Chapel Hill: University of North Carolina Press, 1998, P. 67.

④ Men of West Virginia, Chicago: Biographical Publishing Co., 1903, Vol. 1.

“似乎不大分得清个人财富的积累与维护公共利益间的区别”①，而经常促使有利于赚取自己个人财富的项目、法则出台。传记作家查理斯·派博（Charles Pepper）记述道：“西弗吉尼亚的公共事务工作和美国参议员的身份并没有完全影响戴维斯的商业活动。正是在其从政期间，他聚集起大量的采矿、伐木用地。并酝酿、促成了通往皮德丘（Piedmont）西南的铁路铺设工程。②

戴维斯的女婿艾金斯是本地第三位权力精英，也十分富有，财产曾达1500万美元。艾金斯与其岳父和卡姆登共同掌控着西弗吉尼亚中央铁路公司，以及戴维斯煤矿公司。③

总之，在第一轮土地置换之后，这三位本地权力精英将大量土地收入囊中，同时大举投资铁路。与此同时，他们还都占据着重要的政府职位，并利用职务之便钻法律空子（当时西弗吉尼亚的司法系统还有些混乱，并不完善）。当时他们的竞争对手似乎只是彼此而已，即便如此，这三人还达成了类似的君子协议，避免相互间的纷争。④

上述三大权力精英的例子只是地方土地资源集中化中的一个例子，在不同地方还有当地各自的大资本形成。19世纪末期，这种土地及资本权力的置换是十分普遍的。罗纳德·刘易斯认为，1880～1920年，本地资本大约掌握了当地产业的56%，而外来势力则占到46%左右，并在逐步上升过程中。⑤

本地权力精英在这场土地资源瓜分的盛宴中聚集了大量财富，同时外来势力也通过各种方式获得了一部分权力。例如，英资所属的西弗吉尼亚土地与木材有限公司就曾在1881年4月一笔购进了西弗吉尼亚中南部的20万英亩土地。⑥ 而类似的收购案例在19世纪末的Nicholas Chronicle等地方报刊上有很多

---

① Christopher Dorsey, Southern West Virginia and the Struggle for Modernity, North Carolina: McFarland & Company, Inc., Publishers, 2012, P. 20.

② Charles M. Pepper, the Life and Times of Henry Gassaway Davis 1823 - 1916, New York: Century, 1920, P. 46.

③ 同上：P. 92.

④ Ronald Lewis, Transforming the Appalachian Countryside: Railroads, Deforestation, and Social Change in West Virginia 1880 - 1920. Chapel Hill: University of North Carolina Press, 1998, P. 76.

⑤ 同上：pp. 90 - 91.

⑥ Nicholas Chronicle, April 22, May 20. 查自West Virginia Newspaper Archives: http: //www. genealogybank. com/gbnk/newspapers/explore/USA/West_ Virginia/。2013年8月20日登陆。

报道。此外，外来势力还通过政府授权的方式得到土地。例如，美国内战时期，林肯曾授予当时的战争部长西门·卡梅隆位于克累县的9万多英亩土地，到了19世纪末，卡梅隆的孙子约瑟夫·布莱利[①]则继承了这一土地的所有权，并成为艾尔克河矿业及伐木业联盟的成员，主要对斯瓦德里、威登、丹顿等地的煤矿进行开采。[②]

二、劳工阶层及与之相关的社会变化

在资本的注入、产业的发展、工作机会吸引等条件下，劳工阶层迅速壮大，工业小镇如雨后春笋般生成。在前面“舞台上的人物—劳工阶层”一章中，已论述了产业的发展导致西弗吉尼亚各镇人口数量的急剧上升、人口构成的变化，以及对外来人口、不同族裔、女性社会地位的影响。事实是：第一，西弗吉尼亚地区的人口总数在1880～1900年的20年间增长了近5倍；第二，外来劳工大多参与采煤工作，到19世纪末期外来矿工占到了煤矿工人总数的多一半，从而打破了先前农耕社会中本地居民种族单一、流动性不强的状况；第三，新的产业机会为获得自由的黑人奴隶、争取独立的妇女提供了一定的工作岗位，为当时的少数群体追求个人自由与争取平等创造了条件。

工业小镇诞生之初对当地的经济发展和人们社会生活的积极意义是不可否认的，但同时在无意中，许多新的问题也渐渐积累而成，为之后的社会冲突埋下了祸根。特别是由于土地资源和资本、权力的迅速集中，导致产业的力量在工业小镇中取得上风，甚至在一些情况下支配了劳工的日常生活。

首先，因为劳工中有大量外来移民，以及为了工人工作的方便所需要，矿厂常常提供公司住房。这些住房层次不等，租金也各不相同。一些房屋的居住水平在当时还是较高的，如木质或砖瓦的宽敞房屋，道路整洁，街道明亮；差一些的房屋可能较拥挤，位置不大好，或是配套设施不完善；甚至在饮水、卫

---

① 西门卡梅隆（Simon D. Cameron），曾任内战时期林肯的战争部长（Secretary of War），其孙约瑟夫布莱利（Joseph Bradley）.

② Amanda J. Griffith，“the Life Cycle of a Coal Town：Widen，West Virginia，1911－1963”. Master's thesis，West Virginia University，2003，P. 3.

生方面比较差，容易导致居住者生病；等等。[①] 不过总的来说，这些房屋确实为边远地区过来打工的农民工、解放了的外来非裔美国人，以及欧裔新移民提供了新的家园。久而久之，80% ~98% 的矿工吃住都在由采矿公司主导的工业小镇上[②]。这种居住模式实际上导致公司间接地，但能强有力地影响自己的矿工。

其次，采矿公司不仅向工人出租住房，而且还开办零售商店。因为商店成为居民购物、娱乐等每日必去的地方，因此很自然地逐渐成为煤矿小镇的中心。甚至可以说，公司商店是这个时代的典型象征。这些零售店不仅出售生活必需品及日用品，而且在某种程度上是工业小镇的“中心广场”，人们还在此取报纸并收发信件。因此小镇商店成为人们工作之外的聚集地。[③] 史福莱特在其《煤矿小镇》一书中描述道：

> “妇女们往往在清晨来商店买东西做早餐，或是在晚饭前光顾；孩子们则喜欢在放学后跑来买杯饮料或吃个冰激凌……妇女们在商店碰到了总会谈一谈他们的孩子，聊聊家里人的最近情况，以及最近做了什么针线活啦，晚饭打算做点什么好吃的，或者与邻居又有了什么纠纷……男人们可能会炫耀一下自己在周末钓到的大鱼，或是讲讲自己一天挖了多少煤，最近厂里的新鲜事，或者是胸部背部的疼痛等……当然男人们也常常聚在一起，整日泡在咖啡馆随便吃点喝点聊点什么”。[④]

今天我们通过微博、facebook 等平台交流信息，而这些网络平台在100 年前的前身也许可以算是工业小镇的商店，那时大家常常在此闲聊，交换各种信息，

---

① Nettie McGrill, the Welfare of Children in the Bituminous Coal Mining Communities of West Virginia, 1923, Department of Labor, Washington, D. C.: U. S. Government Printing Office, 1923, P. 11.

② 同上，P. 31.

③ Crandall A. Shifflett, Coal Towns: Life, Work, and Culture in Company Towns of Southern Appalachia, 1880 - 1960, Knoxville: University of Tennessee Press, 1991, P. 61.

④ Crandall A. Shifflett, Coal Towns: Life, Work, and Culture in Company Towns of Southern Appalachia, 1880 - 1960, Knoxville: University of Tennessee Press, 1991, P. 176.

甚至这里还是各种流言的发源和传播地。于是有很多工厂所有的商店采取收服务费，或提高定价的策略赚取钱财，结果劳工刚刚从采矿厂赚到的工资就又交给矿厂开办的各种买卖了。当时已经产生了信用借贷。因此，有一大部分工人每月都向工厂借贷，并进入了借贷、领工资、还贷、购物、再借贷的循环，永远欠着工厂的钱而不得不一辈子为工作卖命。

再次，对煤矿工人来说，辞职非常困难。即便不在原来的矿厂干了，大部分人迫于技能所限，也只是换一家矿厂打工。况且随着时间的推移，整个西弗吉尼亚地区中的不同工业小镇不断扩张，该地区越来越像一个大的工业小镇。而公司住房、由采矿公司所有的商业，及人们借贷的消费方式使工人很难摆脱公司无处不在的影响。①

此外，当时的居住区已经出现了种族隔离的现象。美国本土出生的白种人往往住在交通方便又宽敞的街区，而黑人和欧裔新移民则不得不聚集在差的街区里。② 在卡穆尔镇（Kaymoor town），“卡穆尔高地的两条高档街区是为白人预留的，在低地地带，白人家庭居住在为他们选好的接近主路的街区里，而黑人家庭则被安排到靠边的位置。”③ 工作机会的竞争、种族偏见，以及各种针对种族的不公正待遇导致种族暴力事件时有发生，这些事件又与工厂的盘剥和对工人生活的控制夹杂在一起，形成了相对复杂的社会冲突问题。在此过程中，工会随之诞生，并力图在各方势力胶着斗争中求得生存。

三、舞台背景音乐的转变：社会问题与工会

如果将 19 世纪末期西弗吉尼亚工业化诞生的过程以一场舞台剧的角度来复原的话，那么最初的舞台背景音乐是人们对工业化和现代化的渴望。前面对当地人最初的欢迎与期盼态度已有所描述。而随着工业化进程的推进，各种新问题在慢慢地酝酿中。到了 20 世纪初，西弗吉尼亚工业化的舞台背景音乐随着剧

---

① Christopher Dorsey, Southern West Virginia and the Struggle for Modernity, North Carolina: McFarland & Company, Inc., Publishers, 2012, P. 31.

② Crandall A. Shifflett, Coal Towns: Life, Work, and Culture in Company Towns of Southern Appalachia, 1880 - 1960, Knoxville: University of Tennessee Press, 1991, P. 61.

③ 同上。

情的发展发生了变化：工业小镇中越来越多的弊端浮出水面，并引起了公众的注意。人们开始质疑，工业化带来的机遇与好处是否多过其弊端？随后，许多地方出现了新的思潮，居民们开始批判，正是“掌控”他们的矿业公司造成了各种不公、犯罪与罪恶的根源。在这样的社会与现实中，孕育并促进了工会活动的蓬勃发展（或者从煤矿公司的角度来说，工会利用了现实中的弊端来争取自己的存在价值）。

伴随工业化而出现的问题有很多，除了前面提到的工厂权力渗透到人们的住房、购物、娱乐等日常生活的方方面面以及逐渐形成的种族隔离状况和种族不平等外，当时的政治腐败问题也很严重。1921 年华盛顿《明星报（Star）》曾描述了显赫一时的罗根县警长童查芬（Don Chafin）：

> “罗根县的家家户户都知道童查芬的鼎鼎大名。他给人们内心带来的恐惧是显而易见的，人们并不信任这位警长。但是对任何犯罪的审判都要经过他和他的手下。可以说，童查芬好比是“罗根王国”的国王，他靠国家机器爬上了宝座，企业权力是他的后盾。”①

维乐在其《西弗吉尼亚煤矿战争》一文中印证了查芬和他的权力之源，他描述道，查芬是一个“不可一世的，喜欢吹嘘，并常使用恐吓手段的打手”，罗根县的煤矿企业联盟给了查芬丰厚的报酬，并提供给他雇佣的上千名属下的劳务费用②。1919 年为其雇员提供的资金是 3.2 万美元，1920 年是 4.663 万美元。而对查芬自己，虽然警长的年薪是 3500 美元，但在 1921 年，查芬就已积攒了 35 万美元的资产。③

---

① Allen Hayes Loughry, “Don't Buy Another Vote. I won't Pay for a Landslide: the Sordid and Continuing History of Political Corruption in West Virginia”. Ph. D. dissertation, American University, 2003, P. 151.

② 美国县一级警长（Sheriff，或译作治安官）并非国家和联邦政府的雇员，而是由所在县雇佣行使警察职务，为小镇居民提供安保服务。因此劳资关系更像是我国的保安员，但权限和我国的警察并无太大区别。

③ Hoyt N. Wheeler, “Mountaineer Mine Wars: an Analysis of the West Virginia Mine Wars of 1912 - 1913 and 1920 - 1921,” the Business History Review, 50, No. 1, 1976. 查自 www.jstor.org/stable/3113575。2013 年 8 月 25 日登陆。

当时西弗吉尼亚地区的政治腐败问题十分普遍，很多案子没有得到应有的调查。各个煤矿常常自己雇佣打手，抓人或使用暴力，并干预司法公正。当时的情况是，金钱就是权力，而煤矿小镇的钱主就是矿厂主。

美国矿工联合会（UMWA，简称工会）最初是1890年在俄亥俄州合并了其他几个并不太成功的工会而形成的，随后西弗吉尼亚加剧的社会分野及社会矛盾像肥沃的土壤一样，吸引UMWA很快发展到这一地区。[①] 而最初对工业化的批评声音也并不来自UMWA，而是来自本地那些当初没有大肆购买土地的人。这一群体或是在农耕时代拥有部分土地，但在工业化浪潮刚刚到来时，他们或是把自己的土地卖给了别人，而没有精明地大举收购；或是那些有一部分资本，并进行了投资，但最终没能竞争过更富有、更有权势的外来资本的人。现今看到周遭的人发了财心中不免愤懑，不禁转而抱怨起来。例如，罗根县的《旗手》报纸（Banner）主编亨利·拉格兰（Henry Ragland）投资了一块地产，但后来N&W铁路公司并没有将铁路铺设到他投资的地区。拉格兰马上就转而成为小农场主的代言人："对我们土地的估价实在太不公平了……谷物的本地市场价格本来刚刚够农民们生活，而N&W铁路一铺好，外来农产品必然压低本地谷物价格，我认为谷物的收购价格会降低一半。我们希望土地评估者重新考虑，避免大肆伤害小农场主的利益……"[②] 很快，矿场主和西弗吉尼亚当地人的意见分歧越来越大。在1890年UMWA刚刚合并了原先运转不良的其他工会时，批评团体就组建了西弗吉尼亚分支，致力于打破煤场的权力垄断。当时工会具有煽动性的语言对矿工颇具吸引力，进一步加大了当地人对自身与工业小镇和矿厂关系的看法的转变。[③]

四、舞台剧的高潮：潘特溪大罢工（1912年）

很快在世纪之交，西弗吉尼亚地区的社会观念分裂为两大利益团体：一边

① Wikipedia：United Mine Workers of America，查自 http：//en. wikipedia. org/wiki/United_ Mine_ Workers_ of_ America，2013年8月25日登陆。

② Rebecca Bailey："Matewan Before the Massacre：Politics，Coal，and the Roots of Conflict in Mingo County，1793－1920．" Ph. D. dissertation，University of North Texas，August 1994．pp. 35－37，P. 40.

③ Richard D. Lunt，Law and Order vs. the Miners，West Virginia，1906－1933．Charleston，WV：Appalachian Editions，1992，pp. 12－13.

是以工会为组织代表的本地矿工；另一边是矿主以及煤场，这些人也是反对工会的主要力量。20 世纪初西弗吉尼亚的社会运动非常激进，暴力事件频频发生，社会非常动荡，以至发展到“矿战”（Mine Wars）的程度。在“矿战”过程中，外来移民（黑人、少数族裔）并非属于上述任何一个意见团体，但又不得不深深卷入那个时代的纷争之中。

在早期矿主与工会的角力斗争中，一开始通过正常的法律程序。因为矿主取得了政府和司法系统人员的支持，所以工会往往在诉讼中很难取得成功。当时的矿主一直努力不让 UMWA 染指矿业小镇的事务。例如 1907 年的希曼煤矿公司诉米歇尔案，诉方认为矿主有权要求自己的员工签署“黄狗”合同，即要求在矿厂工作的工人不得加入任何工会。当时的法官奥斯顿·戴敦不仅支持了希曼煤矿公司的诉求，还判定 UMWA 违反了修曼反垄断法（Sherman Anti－Trust Act），因而属非法组织。这一诉讼一直上诉到美国最高法院并胜诉，因此厂家有了后来拒绝与 UMWA 进行协商谈判的法律支持。[①]

当正常的法律程序无法解决矛盾时，武力危机就在慢慢酝酿中。

早在 UMWA 干预之前，潘特溪的矿场主已与矿工签订了劳务合同。等合同到期，需要续签时，批判矿厂剥削的声音已随处可见。大家质疑工厂通过不公正的定价使矿工永远处于欠债的情形下。特别是当时潘特溪的工资水平还比周围几个产矿县要低一些。因此工人们围绕提高收入向矿厂提出了一系列诉求，依此希望争取到更多的权力。包括：（1）成立工会。（2）言论自由与和平集会权。（3）不得将加入工会的矿工列入黑名单。（4）能够到非矿厂经营的商店购物。（5）禁止超载运煤。（6）确立 2000 英镑为 1 吨煤的价格标准。（7）划定采煤范围。（8）雇佣一位称煤监督员，该监督员为矿工服务，其工资也由矿工决定支付。（9）煤的收购价需由矿厂和监督员共同确认后，方可定价。[②]

矿厂当然不愿意让渡利润和权力，而且从经营者的角度来说，他们认为自

---

① Hitchman Coal and Coke Co,. vs. Mitchell, U. S. Supreme Court, 245 U. S. 229 (1917)，查自：http：//supreme. justia. com/us/245/229case. html。2013 年 8 月 27 日登陆。

② Hoyt N. Wheeler, "Mountaineer Mine Wars: an Analysis of the West Virginia Mine Wars of 1912－1913 and 1920－1921," the Business History Review, 50, No. 1, 1976. 查自 www. jstor. org/stable/3113575。2013 年 8 月 27 日登陆。

己的产业为矿厂小镇贡献颇丰，不仅促进了就业，还提供了生活必需品和生活的便利。而且矿厂不是福利机构，当然要赚取一些利润了。再加上矿厂修建并控制着镇上矿工们赖以生存的各项基础设施，并能较大限度地影响地方政府的官员，因此矿厂认为自己稳操胜券，就毫不留情地拒绝了工人的诉求。①

于是矿工们罢工了。矿厂则立即运用手中的资源加以应对。

对于矿厂来说，保持利润是最重要的。所以一方面，矿厂积极寻找新的、非工会会员的劳动力来代替那些罢工的工人。这样的新移民和黑人要求的工资不高，而且之前也与工会没有太多瓜葛，立即成为矿厂择人的首选。当时的做法是用花言巧语引诱这些外地劳动力来西弗吉尼亚打工，先让这些人交上一笔运输费，如果没有的话，就签一份用劳动补偿赊欠的路费的合同，等到了煤厂再用挖煤的工作日抵还。由于挖煤并不需要什么培训或技术，因此大批外来移民、黑人，以及北部城市的穷苦人纷纷坐火车从纽约、波士顿和其他城市来到了西弗吉尼亚。② 威廉·韦斯利是一名来自阿拉巴马州的西弗吉尼亚黑人矿工，矿厂给了他四五百美元，叫他回阿拉巴马去再带些劳动力回来。③ 结果很多人被中间者用花言巧语骗了过来，有的根本就不知道是要去挖煤。等他们到了西弗吉尼亚的矿厂，才发现工作环境十分糟糕，但要反悔已经来不及了，厂方会要求他们按照合同上规定的先工作一段时间来支付到煤厂的交通费用。可是当地由煤厂定价的商店、食品、住房等生活必需品又很贵，这些新移民根本没有办法在短时间内还上钱。当时一个厨师的工资大约 25 美元，铲工是 20 美元左右，而西弗吉尼亚的矿工则只有 10 美元。有一个新来的矿工工作了 1 个多月，还没把自己的交通费还上。甚至有人反映有打手看守着他们，避免新来的矿工逃跑。因为劳动力紧缺，一些矿厂对想跑到别的煤矿去工作的工人进行恐吓。"那些打手们把逃跑的工人眼睛蒙起来，说是要开枪打死他们。然后就朝这些蒙着眼睛的人附近开枪，把矿工们吓得半死。放走时再恐吓他们，下次再被我们

---

① Christopher Dorsey, Southern West Virginia and the Struggle for Modernity, North Carolina: McFarland & Company, Inc., Publishers, 2012, P.49.

② U.S. Senate. Hearings Before a Subcommittee of the Committee on Education and Labor. Conditions in the Paint Creek District, West Virginia, 63rd Congress, 1st Session, Parts Ⅰ, Ⅱ and Ⅲ, 1913, pp.695 - 720.

③ Keith Dix, What's a Coal Miner to Do? The Mechanization of Coal Mining. Pittsburgh, PA: University of Pittsburgh Press, 1988, P.12.

捉住，就真打死你们！”①

而因为这些新移民原来的境况往往比较糟糕，所以能忍受矿厂较低的工资。这样一来就抢了老移民和本地人的饭碗。本来西弗吉尼亚在农耕时代就是一个种族单一的地方，随着工业化的到来一直对外来者持敌视心理。现在更加痛恨这些新来的矿工了，甚至一些人聚集在火车站，新来者一下车就先不明所以地遭到一通暴揍。还有些以“工会人”的名义给这些新移民写恐吓信，声称“再不滚蛋就杀了你”。②

另一方面，矿厂雇佣了专门破坏罢工的打手，将罢工的矿工们从工厂的住房中驱逐出去，还不让这些人到工厂开办的商店里购物。这些听命于矿主的打手许多是从白德文—佛尔特（Baldwin - Felts Detective Agency）公司雇佣的，用以协助保护厂主的利益。当时非工会势力范围内的煤矿小镇的情况是，镇上的住房是矿厂所有的，一些政府工作人员也是由矿厂出资雇佣的。因此实质上正义也由矿厂主持，人们的法定权力的阐释在本质上也是由矿厂所操纵的。更不用提工人们去的教堂、见的牧师、生病看的医生，都是由矿厂雇佣的。因此矿厂具有压倒性的权力。所以在矿工手上基本没有什么权力与矿主正常博弈的情况下，要想抗争到底，矿工们只有更加暴力、更加团结地诉诸武力了。1912年，潘特溪煤厂不得不从白德文—佛尔特事务所雇佣了300多名职业的打手。这些职业打手真枪实弹地全副武装，会毫不犹豫地朝罢工人群开枪。当时的罢工矿工多租住在煤厂建设的房屋中，日常生活也离不开工厂所垄断开办的商店。矿主声称，这些基础设施都是为员工建设的，那些罢工的人既然拒绝工作，那么他们就没有权利享受工厂所有的住房和商店。③ 煤厂首先会以一种貌似合法有理的方式通知罢工工人，先给这些人发放一份正式声明：“致×××：因您已停止为本煤厂工作，为此特告知您已不属于我厂员工。由于您现在所租住的住

① Kenneth Bailey, “a Judicious Mixture: Negroes and Immigrants in the West Virginia Mines 1880 - 1917.” In Blacks in Appalachia, edited by Willian H. Turner and Edward J. Cabbell, pp. 117 - 132, Lexington: University Press of Kentucky, 1985.

② U. S. Senate. Hearings Before a Subcommittee of the Committee on Education and Labor. Conditions in the Paint Creek District, West Virginia, 63rd Congress, 1st Session, Parts Ⅰ, Ⅱ and Ⅲ, 1913, P. 1141.

③ U. S. Senate. Hearings Before a Subcommittee of the Committee on Education and Labor. Conditions in the Paint Creek District, West Virginia, 63rd Congress, 1st Session, Parts Ⅰ, Ⅱ and Ⅲ, 1913, P. 1302.

房归我厂所有，因此须立即将此房屋腾退。”大约十天到一两个月之后，第二份通知就到了：“×××停止工作后，我厂已正式通知其腾退住房，但×××予以拒绝……为此，我厂不得不遗憾地行使我们的法律权力来强制收回住房。我们将依法行事，尽量不对您的财产及人身安全造成任何损害。”①

根据后来美国参议院的听证调查记录，矿主声称自己是以“非常文明”的方式请出罢工者的；但矿工和见证人则证明，事实恰恰相反：一般有15～20个矿厂打手来到矿工家，在几个持枪人的保护下，其他打手则开始往外搬家具。甚至一位孕妇后来控告矿厂的打手破门而入，并踢打了她。②

而在小镇的中心，罢工人员也禁止进入商场，甚至不能收发信件或报纸。矿厂雇佣的打手守在门口，配备来福手枪，一旦发现列入“黑名单”的罢工者靠近，就加以威胁阻止。③

UMWA则迅速鼓舞、支援罢工者。一方面投入资金，为罢工矿工提供帐篷和宿营地。很快，潘特溪附近偏远的地方就出现了很多“宿营城”（tent city）。同时UMWA还印了许多宣传册发放给露营者。当时工会的活动十分激进。为资助罢工者，UMWA还发放了1000多把来福枪和5万多发子弹。罢工领袖之一，琼斯夫人（Mother Jones）④ 在此期间做了多场颇具鼓动性的演讲，鼓舞人们奋起反抗：“武装起自己，回去，打死那些流氓打手，踏平煤厂！”她高呼道。此外，琼斯夫人也带领失去工作和住房的罢工工人到市政厅抗议，表示“如果再不清退矿厂雇佣的那些流氓打手的话，工人们将血洗此地！”琼斯夫人演讲的力量深深鼓舞了矿工阶层，影响深远，并惊动了矿厂和当地政府官员。1912年和1921年，UMWA的宣传都鼓动矿工以暴力行为来反抗矿厂、地方政府和打手的

---

① U.S. Senate. Hearings Before a Subcommittee of the Committee on Education and Labor. Conditions in the Paint Creek District, West Virginia, 63rd Congress, 1st Session, Parts Ⅰ, Ⅱ and Ⅲ, 1913, P.1303.

② U.S. Senate. Hearings Before a Subcommittee of the Committee on Education and Labor. Conditions in the Paint Creek District, West Virginia, 63rd Congress, 1st Session, Parts Ⅰ, Ⅱ and Ⅲ, 1913, P.478, P.1090.

③ 同上：pp.193－222.

④ 琼斯夫人（Mother Jones, 1837－1930），原名Mary Harris Jones，美国19世纪工会组织运动的开路先锋。1913年在潘特溪大罢工中已高龄83岁，当局以企图谋杀行为将其逮捕，在当时引起很大纷乱。曾著《琼斯夫人传》，今天的左派杂志《琼斯母亲》就是以她命名的。更多详细信息请见维基百科：http：//en.wikipedia.org/wiki/Mary_ Harris_ Jones.

武装暴力①，这些宣传资料赢得了矿工的民心，使当时潘特溪的暴力行动进一步升级，演化为骚乱，最后国家不得不派军队介入。当时愤怒的矿工毁坏铁轨、切断电话线，一些地点甚至爆发武斗。② 1912 年 8 月，矿工与资方的打手在潘特溪的木克罗发生激战，双方打死了近 20 人。混战间断性地持续到了 9 月，整个卡纳瓦县住在工会营帐区的6000 多名矿工集合起来，都跑到了这里。根据当时的法律，县政府没有权力干涉煤厂的私人安保措施，当局唯一的办法是宣布戒严，同时申请从国家军队调度了 1200 多名军人平息动乱。③

军队的到来平息了动乱，最后收缴了 1800 支来福枪、500 把手枪、6 部机枪，以及大量弹药、子弹。军队人员取代了矿厂从白德文公司雇佣的打手，军队法庭暂时接管了市政法院。戒严直到 1912 年 8 月 15 日才停止，但在短暂的平静后，矿厂和 UMWA 及矿工间的冲突又时有发生。这回矿厂干脆雇佣退役军人作为他们的打手；同时工会的琼斯太太继续鼓动矿工们造反，又有外省工会会员源源不断地前来支援。当时的史密斯警长在给当局的电报中写道："人们处在疯狂的状态之中，我认为他们很快就会变成暴民，发动起另一场动乱"。④

第五节 结局与分析

后来潘特溪又不得不三次颁布戒严令，直到新的地方长官上任，出台了《哈菲德协议》，规定每日 9 小时工作、矿工有权雇佣称煤监督员，以及每半个月为一个发薪周期等，动乱才得以平息。⑤ 虽然矿工阶级貌似取得了一定的胜

① Crandall A. Shifflett, Coal Towns: Life, Work, and Culture in Company Towns of Southern Appalachia, 1880 - 1960, Knoxville: University of Tennessee Press, 1991, P. 117.

② Bluefield Daily Telegraph, July 24, 1912, September 3, 1912.

③ Hoyt N. Wheeler, "Mountaineer Mine Wars: an Analysis of the West Virginia Mine Wars of 1912 - 1913 and 1920 - 1921," the Business History Review, 50, No. 1, 1976. 查自 www. jstor. org/stable/3113575。2013 年 8 月 27 日登陆。

④ U. S. Senate. Hearings Before a Subcommittee of the Committee on Education and Labor. Conditions in the Paint Creek District, West Virginia, 63rd Congress, 1st Session, Parts Ⅰ, Ⅱ and Ⅲ, 1913, pp. 418 - 426.

⑤ Richard D. Lunt, Law and Order vs. the Miners, West Virginia, 1906 - 1933. Charleston, WV: Appalachian Editions, 1992, P. 32.

利，迫使矿厂和当局有所让步，但人们往往忽略了损失最大的一方——即工会。琼斯太太被判鼓动暴动罪，获刑 20 年，其他一些工会骨干也纷纷受到审判，UMWA 的活动势力依旧被阻挡在西弗吉尼亚之外，且在这一系列动乱中损失严重。① 可以说，矿厂依旧掌握着煤矿小镇的大部分权力，资方所赖以获得利润的组织结构和经营方式都没有受到任何伤害，而且还挫败了一大隐患——工会。

列宁曾经说过，无论什么问题，说到底答案总是权力二字。如果我们将西弗吉尼亚从农业区过渡到矿业区的过程，以及在该过程中所发生的各种和平的（例如通过土地买卖、法律诉讼以及各种暗箱操作等），或暴力的（如潘特希大罢工和骚乱）事件，放入权力更迭及斗争的框架下来分析的话。那么本案例中，土地作为一种资源，也代表着某种权力，于是就有了对其进行使用和分配的问题。而对土地用途及所有权的争夺既是权力斗争的舞台，也是这些斗争的结果。本案例一开始展现了西弗吉尼亚地区的土地如何从分散的小农户手中，在工业化的浪潮下集中到少数资本手中的。这一过程折射出该社会当时是如何分配资源，以及该社会的权力关系结构是在何种体制及规则下进行变化与协调的。通过分析我们发现，西弗吉尼亚当时可以说是一种自由放任的政治模式，也是企业型的模式，即工商企业的利益主导了美国的地用政治活动。因此，土地产权从农户向少数资本手中集中的变更过程也向我们传达了西弗吉尼亚地区当时权力关系的转变：即当时该地的社会政治权力正从分散的自主农户向少数精英资本集中。

接着随着大量矿业小镇的逐步形成与壮大，出现了新的社会政治力量——矿工阶层。因为大资本掌握着工厂小镇的绝大部分资源与权力，因此新生的矿工群体最初的权力空间十分狭窄。随着工人阶级力量的壮大，原来的资源分配模式成为矿工群体争取更多资源与权力的障碍。当通过和平的渠道无法进行改变时，这部分被压抑的诉求发展到一定程度就爆发了罢工与动乱。一般来讲，在各方权力发生冲突的情况下，政府需要在其中扮演裁判员和调解人的角色。但在我们的案例中，这个裁判员经常吹黑哨，调解人也很难做到公正。美国当

① Hoyt N. Wheeler, "Mountaineer Mine Wars: an Analysis of the West Virginia Mine Wars of 1912 - 1913 and 1920 - 1921," the Business History Review, 50, No. 1, 1976. 查自 www. jstor. org/stable/3113575。2013 年 8 月 27 日登陆。

时“小政府”的政府体制使地方政府并没有过多的权力去主动制约、规范煤厂资本的经营，相反，当时美国人信奉古典经济学，认为最好的政治经济体系是能将财富总量最大化的制度，而很少考虑财富的分配与分布的公平。于是“金钱就是权力，而煤矿小镇的钱主正是矿厂主”，掌握着庞大资金的矿厂不仅与政府官员相勾结而且法院也名正言顺地偏袒矿厂的利益。劳工的诉求在此体制下很难得到满足。

渐渐地，“舞台音乐”发生了变化，反抗的声音越来越强烈。在与资本实力斗争的过程中，工会起到的作用实际上是，将单个矿工微小的影响力通过结成群体来实现更大的作为，来进行集体的表达。曼纽尔·卡斯特（Manuel Castells）曾提出引发草根阶层示威抗议的三个主要原因：对公共品的需求、文化认同和政治权力。[①] 在本案例中，矿工阶层的诉求主要是经济收入层面的。在矿主没有接受工人提出的条件，而法庭和政府又没有做出有利于矿工阶层的判决后，诉求没有得到满足的群体爆发了对抗行动。一般来讲，工商业主不大会发起暴乱，因为这些人已有一部分资源和权力，会担心这部分资源是否会随着暴乱而丧失，况且他们的利益已经被保护起来，所以有所顾忌；而被边缘化的群体则完全有可能从政治排斥关系中发起暴乱。正如英国政治家查尔斯·福克斯（Charles Fox）的名言所说，“绝望和一无所有的人总是最危险的”。

潘特溪大罢工的结果很大程度上取决于矿工群体、工会、矿厂和政治当权者所拥有的权力之间的相对大小。矿厂拥有实际的财富和权力，又与政治当权者有着千丝万缕的关系，所以最有可能取得成功；矿工群体虽然掌握的权力和资源有限，但其武力抗争是政府当权者所不愿意看到的。因此，虽然政府更多地代表了大企业的利益，但政府也不可能完全不理会公众压力。最后这种社会动荡的压力使政府终于出台协议，敦促矿厂做出一定让步。因此结局是矿工群体获得了微小的安抚，但整个矿厂的运营体系、其权力范围都没有受到任何触动。特别是随后法庭的审理极大挫败了 UMWA 工会的力量，可以算得上是矿厂一方获得的最大胜利。

此外，在矿业小镇中，矿厂为员工提供住房、商店、娱乐等基础设施以及

① M. Castells, the City and the Grassroots, London: Edward Arnold, 1983.

雇佣自己的安保人员这一事实也印证了西弗吉尼亚当时的“企业型”社会模式。即，不是由“大政府”来提供社会福利，而是由企业来提供各种集体消费的公共品。企业对其所提供的这些生活产品收取高额费用，则说明这些产品并不是以需求为基础进行分配的公共品，而是个人的生活质量随着其能够支出多少钱而有所不同，这部分矿工间生活水平的差异也体现了该社会的权力关系：有差异的，优胜劣汰的；而非平等的、人道的。总的来说，工商企业的力量主导了西弗吉尼亚地区的社会生活。

最后，对美国权力斗争的模式一直有两种争论。一种是“精英立场”，认为是少数精英在占有，并左右着资源和权力的分配与走向；另一种则是“多元立场”，认为美国权力分散在许多相互竞争的利益集团之中，是权力博弈决定了最后的结果。在本案例中，少数精英掌控西弗吉尼亚的大部分资源与权力是事实也是结果，而多元竞争则更多地体现在斗争的过程和形态之中。

第三章

案例二：矿业小镇工业化后期的环保斗争（20 世纪 70 ~ 90 年代）

本章我们将继续观察西弗吉尼亚矿业小镇人们在半个世纪后的另一次抗议行动。第二幕所讲述的故事虽然仍发生在西弗吉尼亚，但经过几十年的历史变化，特别是罗斯福新政的影响，故事发生的背景、状况和所在环境都发生了很大变化。为弥补这期间近半个世纪的时间断裂，首先将这期间美国经济、政治社会大环境的变迁对西弗吉尼亚小镇的影响作为舞台的背景加以说明。

第一节　舞台的背景：历史变迁、时间过渡（20 世纪 20 ~60 年代）

上一幕中讲述的西弗吉尼亚 19 世纪末至 20 世纪初的历史，充满着各种不公正，一些暴力、剥削、强权的现象可能会令不太了解美国该段历史的人大吃一惊。实际上，当时西弗吉尼亚的种种困境并非特例，而与这一时段的美国总体上的情况大致吻合。镀金时代的美国在经济飞速发展的同时，政治、社会层面出现了许多新的问题。当时大企业不光操纵了地方政治，而且还经常用政治捐款操纵选举；贿赂法官以左右审判的情况也十分普遍。总之，垄断企业在获得了经济上的地位后，在政治上也要求更多的权利。这遭到了政治家的反对和民众的反感。1890 ~ 1914 年联邦政府出台了三部主要的反垄断法，形成了较为完备的反托拉斯体系。随后美国第一次世界大战时期实行战时的经济管制，因为煤炭按量供给更多影响的是个人的生活，而且第一次世界大战过后经济运营体系也恢复了战前的常态。所以本章在此不再展开。

1929 年美国经济进入了长达将近 10 年的经济大萧条时期。对于经济大萧条产生的原因，各方观点颇多，但却一直未形成统一的定论。但可以肯定的是，大萧条使美国人再次注意到垄断资本主义和财富过于集中的问题不能放任市场自己调节，政府需要进行宏观调控以弥补自由市场的不足。就这样，美国曾经秉承的自由放任主义思想衰落，经济干预主义思潮形成。就是在这样的背景下，20 世纪 30 年代开始，罗斯福新政加大了国家对经济与社会生活的干预。新政在各方斗争中通过了涉及金融、工业、农业、社会等方方面面的法规，其中也包括社会保障和福利方面的。在美国历史上，联邦政府第一次真正承担起了保障公民生活的经济安全、增进普遍福利的责任。政府将集中起来的社会财富向底层人员分散，美国经济结构中紧张的劳资关系开始得到缓解和改善。

回到案例中的西弗吉尼亚矿区，在经过 20 世纪初的社会动荡之后，1929 年美国进入了经济大萧条时期。衰弱的经济环境，以及当地 30 年代的一场大洪水，使得这一地区在旧有问题还未完全解决的情况下，又面临着高失业率、职业疾病以及相对较弱的医疗和教育水平等问题。当时重振经济的努力是多方面、多重性的，在联邦政府层面，对西弗吉尼亚地区影响最大的就是罗斯福新政了。在新政之前，私人慈善机构和地方机构实际上承担着实施救济和援助的责任，新政则使联邦政府真正负担起这部分义务。30 年代不光矿工与企业间的矛盾得到了缓解，而且新政也改变了西弗吉尼亚地区原来几乎不存在的公共福利状况。

杰瑞·托马斯（Jerry Thomas）曾有作品专门研究新政政策对西弗吉尼亚的影响。总的来说，新政政策挽救了在大萧条中濒临崩溃的煤炭工业，从而提高了就业率和企业的利润。在社会政治层面，新政政策规定了工人的劳动时间和最低工资、为失业者提供补助、在某种程度上改善了当地的公共医疗和教育情况，并增加了针对底层群体的福利政策，如失业保险和老年保险等。这提高了矿工的境遇，使得劳资关系得到大大改善。特别是自此之后，劳资纷争一般都能通过协商机制得以明确解决，避免了再次出现镀金时代激烈的矿战情形。但另一方面，新政政策在西弗吉尼亚地区进行得并非十分顺利，而且也有其失败的地方。首先是资金问题。新政各项计划大多规定各州至少应承担大部分的管理开支，项目的资金由联邦政府与地方政府共同负担的。也就是说，地方政府需给予大部分的配套资金，联邦政府才会拨款。这样一来，西弗吉尼亚的地区政府往往凑不够配套资金所规定的金额，就部分导致了第二个问题，即某些市政项目只能提供较为基本的、低水平的教育或医疗。例如，教育项目只针对男孩，而且主要是扫盲识字方面的，而没有提供真正能提高就业技能的课程。而且这些项目往往设计和管理不善，基础设施也跟不上。最后，新政时期还提出平衡本地区的工农业生产，重振农业，以最大化地利用土地资源，从而解决农村贫困问题，然而当时所采取的种种措施都以失败告终。[①] 这里简单介绍几个有助于我们理解本章后面所述问题的一些新政项目，以便更好地理解本章中两幕故事间的关联和事件发生背景。

例如，《国家工业复兴法》中含有煤炭业公平竞争的法规管制，这促进了煤矿工人联合会等工会组织的发展，当时扩展到了 90% 的煤矿企业。正是在这一时期，煤矿业的最高工时标准进一步降低到每周 35 小时工作制；工人们的工资收入提高了 35% ~50%；禁止雇佣童工，并增加了煤炭工人的数量。煤炭的平均价格在 1932 年是每吨 1. 31 美元，到了 1935 年则增长到每吨 1. 7 ~ 1. 8 美元，这样一来，雇主也得益于新政政策，获得了利润。而正是因为劳资双方都有收获，所以总的来说，当时煤炭业是支持联邦管制的。[②]

再如，1935 年通过的《格菲法》（又名《烟煤保护法》），规定在联邦层面组成全国烟煤委员会，负责确定煤炭的最低限价，并管制劳动环境。煤炭的最低限价是由 23 个煤炭生产者区域委员会来协商确定的，其中每个委员会中都有至少 1 名矿工代表。这项法规保证了矿工进行集体谈判的权力，并使得工会能够选派监督称煤者。特别是，当时西弗吉尼亚煤矿小镇上许多住房和商店都是由矿厂所有的，而《烟煤保护法》则禁止矿企强求矿工住在矿厂提供的住宅和必须在公司商店中进行购物的做法。如有违反，全国烟煤委员会则会向该企业征收强制性的煤炭销售税。[③]

此外，当地的“农场运动”（homestead movement）项目力图重新安置失业

---

① Jerry Bruce Thomas, An Appalachian New Deal: West Virginia in the Great Depression. Lexington: University Press of Kentucky, 1998, pp. 108 - 151.

② Fainsod et al. , Government and the American Economy. P. 627.

③ Fainsod et al. , Government and the American Economy. , P. 626.《烟煤保护法》当时也颇具争议。在各方的角力后，该法于 1943 年自动失效。胡国成、塑造美国现代经济制度之路. 中国经济出版社，P. 262.

人员，建设自给自足的农业社区，以改善就业并重振当地的传统农业。但由于各种原因，这一项目更像是某种以政府为主导的试验性工作，最终以失败告终。这些以政策资助而发展起来的小型农场经营起来后，马上就出现了对其经营不善、耗费资金且资金缺乏并且行政干预过多的批评。而且这些项目增加了农业人口，加重了已经恶化的土地负担。在20世纪30年代末期，当地土地已面临过度使用和滥用问题，单位面积的农产量也在逐年减少。到1939年，西弗吉尼亚90%的土地都出现了严重的水土流失情况。①

影响比较大的方面还有福利保障上的。如1935年出台的《社会保障法》，涉及失业保障、老年保险、盲人救助，以及对孤儿的协助等方面。之后的第二次世界大战扩大了对煤炭的需求，但虽然如此，20世纪50年代各地的矿业小镇还是逐渐衰落了。一些工厂倒闭，小镇上的就业机会缩减，工业小镇面临破产，并制造了一批失业和无家可归者。60年代初，阿帕拉契亚山区的人均收入只有美国全国收入水平的65%，失业率却高于国家失业率40个百分点，贫困问题凸显。60年代也是肯尼迪总统执政的“向贫困宣战”时期，西弗吉尼亚的贫困问题得到了联邦政府的注意，从而进一步扩展了新的社会福利范围。肯尼迪总统时期有关西弗吉尼亚的法案有《应急就业计划》《经济机会法案》《工作激励计划》《地区发展法案》《地区职业教育项目》《食品券项目》等。这些法案都致力于缓解失业、贫困、落后问题，但在整个煤炭行业不景气的大经济环境下，这些项目对实际的就业、家庭收入和贫困问题的改善是十分微弱的，无法从根本上逆转矿业小镇的经济形势。而到了70年代，西弗吉尼亚地区靠各项福利生活的人口越来越多，并形成了一支利益群体。②

西弗吉尼亚地区靠福利救助生活的群体的出现，似乎印证了某些“福利滋生懒惰”的论调，但稍稍思考一下就会发现，实际也并非完全如此。首先，该地区在20世纪末工业化时代吸引了大批移民涌入，人口规模在20年间增长了5倍，而随着50年代后煤炭行业就业岗位的萎缩，以及战后的婴儿潮，70年代

---

① Kevin Cahill, “Fertilizing the Weeds: the New Deal' s Rural Poverty Program in West Virginia.” Ph. D. dissertation, Marshall University, August 2009. pp. 107 – 123.

② Elizabeth Carter McGaha, “An Examination of Post Welfare Hardship in West Virginia.” Ph. D. dissertation, Marshall University, 2002.

矿厂已无法吸纳大幅增长了的人口。另外，本地居民长期处于一种小自耕农的历史背景下，家族纽带在该地区文化中的特有作用。因此，在有一定生活保障的前提下，西弗吉尼亚大多数人希望能继续与亲戚朋友留在当地，而并不愿大肆离乡背井地去寻找工作机会。最后，当时为失业的穷人所提供的各项福利确实也与低工资工作的收入差距减小，于是出现了“贫困也是一种生活方式”的思想。

第二节　舞台音乐：对现代化的反思；对环保的关注

西弗吉尼亚地区矿产资源丰富，在之前的半个多世纪里，一直以来露天采矿就能满足能源开采的需求。但随着 20 世纪 70 年代石油危机所导致的对煤矿能源需求的暴涨，以及矿厂主在减少劳动力成本的驱使下，到了 70 年代，开山采煤法出现了。最初是从布普什山开始，后来迅速扩展到阿帕拉契亚的产煤区。过去的传统采煤法是由人力铲出某一煤层，这种方法实际上是将山顶的植被和土层移除，露出山体内部的煤矿，再向下挖掘这部分矿产。一般来讲，西弗吉尼亚地区的开山作业流程是，先清除山顶植被，之后用炸药炸掉 500 ~ 800 英尺的山顶土层，然后用锁斗铲等机械向下挖掘进行开采。崎岖不平的浮土、煤渣等寸草不生的地表代替了原来郁郁葱葱的山林。[①] 而开山采煤法在爆破过程中所产生的碎石常常就被矿企丢弃在附近的山谷里，进一步污染了水源，并形成大量泥浆。同时也再一次破坏了山谷的植被[②]。

早在新政时期，人们对水土流失、人口过剩，以及环境、能源消耗等问题已有所关注。当时人们认为这些问题的症结在于对土地的过度使用，而在这方面，面临着人口压力的政府似乎是束手无策。例如，当地农业经济管理局的官员认为：“除非终止农业生产，否则根本解决不了水土流失的问题”；而西弗吉尼亚农村安置项目的主管埃里森则认为：“唯一的解决办法就是将此地过多的人

---

① 查自：http：//ilovemountains. org/resources。2013 年 9 月 5 日登陆。

② 更多图片可查：http：//www. ohvec. org/galleries/mountaintop_ removal/007/。2013 年 9 月 5 日登陆。

口安置到其他地方去。”[①] 因此总的来说，虽然当时的人们已经对环境的恶化有所认识，但迫于现实情况而并没有做出行动来专门改善环境问题。

后来在第二次世界大战后期到冷战之初的崇美主义思潮中，充满了对美国社会的光荣与骄傲。该时代的左派知识分子们将“人民”这个概念再次发掘并包装起来。倡导美国观和美国生活方式。[②] 正是在这样的社会思潮下，人们开始讨论美国究竟应该怎样对待自己的公民。在20世纪70年代后西弗吉尼亚人反对开山采矿的运动中，持反对意见的人们常常以此观点作为自己抗争的声音与武器。

到了20世纪90年代，新修改的《联邦清洁空气法案》对气体排放做出了更为严格的规定。然而这一规定恰恰刺激了对西弗吉尼亚煤矿的需求，因为这一地带产的煤含硫量低，燃烧产生的二氧化硫较少，因此矿厂接到的订单有所增长。1992～2002年，西弗吉尼亚有9万多英亩山区被开山采煤，据统计截至2006年，全美国所产的26%的煤矿是通过开山采煤的方法获得的。[③]

第三节　舞台上的人物

一、支持开山采煤者

矿业公司当是进行开山采煤的最大受益者。在这一事件的斗争中，其最大的王牌是，西弗吉尼亚地区的支柱产业依旧是采矿业，矿产公司为这一地区提供了大量的就业机会。矿业公司通过媒体宣传，如果没有开山采煤作业所提供的就业机会的话，当地已经衰弱的经济将面临崩溃。除了媒体宣传外，矿业公司也向地方及联邦政府施加影响和游说。最后，与前一幕的武力暴动不同，开山采煤的斗争主要是在法庭上以和平方式进行的。因此矿业公司也积极回应反

① Jerry Bruce Thomas, An Appalachian New Deal: West Virginia in the Great Depression. Lexington: University Press of Kentucky, 1998, P. 176.

② 埃里克·方纳. 美国自由的故事. 商务印书馆，2003：301－302，王希译.

③ 查自：http://www.wvcoal.com/201012202467/2006-coal-facts.html。2013年9月5日登陆。

对者的指控，用各种数据支持其作业的正当性，以及对该地区的贡献，希望能证明在西弗吉尼亚地区开山采煤对当地的贡献大于其危害。①

UMWA 美国矿工联合会此时正面临着影响力下降的境地。因为开山采煤一方面确实为当地提供了一些就业机会；而另一方面，新采煤法所增长的就业数目相比于传统采煤来说，工人总量还是减少了。而矿工联合会的会员是面向矿厂的工人的，而非代表西弗吉尼亚所有居民。这就使 UMWA 处于两难境地中：一方面需要维护矿工的工作机会和福利；另一方面又面临就业总数减少，一些矿工也反对对环境的危害的问题。最后，工会领导把赌注下在了支持开山采煤的一方。UMWA 的这一姿态令当地的反对者和一些矿工大为吃惊和不满。这更加剧了其会员骤减的步伐。从 1941 年到 20 世纪末，美国矿工联合会的会员人数从 30 万人所见到了 2 万多人。一些工会分会区由于会员人数太少，而不得不与其他会区合并。②

而西弗吉尼亚环境保护局，作为当地的环保部门本应监督煤炭企业的作为，但在整个过程中却被沦为了“矿厂势力在政府的代言人”。帮助矿厂势力游说地方政府和联邦政府。③

此外，对那些依靠开山采煤而工作的矿工们来说，对家庭生计收入的经济需求也超过了他们对环境和资源的担忧。因此，并非所有当地居民都反对开山采煤，对这一事件的态度在当地煤矿工人中出现了分化。④

二、反对开山采煤者

虽然开山采煤的倡导者极力宣传矿业对该地区就业和经济的贡献，但在反

① Shirley L. Stewart Burns, “Bringing Down the Mountains: the Impact of Mountaintop Removal Surface Coal Mining on Southern West Virginia Communities, 1970 - 2004.” Ph. D. dissertation, West Virginia University, 2005.

② Christopher Dorsey, Southern West Virginia and the Struggle for Modernity, North Carolina: McFarland & Company, Inc., Publishers, 2012, P. 159.

③ Shirley L. Stewart Burns, “Bringing Down the Mountains: the Impact of Mountaintop Removal Surface Coal Mining on Southern West Virginia Communities, 1970 - 2004.” Ph. D. dissertation, West Virginia University, 2005.

④ Shirley L. Stewart Burns, “Bringing Down the Mountains: the Impact of Mountaintop Removal Surface Coal Mining on Southern West Virginia Communities, 1970 - 2004.” Ph. D. dissertation, West Virginia University, 2005.

对者看来，相对于传统采煤业，开山采煤采用更多的机械化作业。其所制造的就业机会相比于传统方法来讲，还是要少。而且矿场给当地人描绘的经济好转后，承诺将要给本地兴建的各项设施毕竟还只是美好图景，而没有完全实现的保证。再考虑到开山采煤的环境影响，以及对公众身体健康的危害，反对者们坚信开山采煤是弊大于利的。①

基本上来讲，当地大多数居民和环保组织组成了反对者阵营。其中的主要组织包括俄亥俄山谷环保联盟（OVEC）、西弗吉尼亚高地保护组织（WVHC）、矿区山河守护组织（CRMW）、ilovemountains. org，以及阿帕拉契亚之声等网站②。这些组织大多采取法律诉讼的方式来反对矿业公司和相关政府部门关于开山采煤的做法，并赢得了大部分官司。这些案例将在后面予以详述。

反对开山采煤者除了以法律为武器外，也吸引了媒体的声援。媒体的宣传多含有丰富的地方情感，强调采矿业对于当地人平静生活的干扰，并叙述本地个体与当地环境、历史和文化的深厚情感。在报纸中，用以形容矿业公司的字眼常包含“剥夺”“侵犯”“暴行”，甚至比喻为对当地水土的“强奸”。如果说支持开山采煤者所使用的“武器”是本地的工业经济和就业机会的话，那么反对者的武器则是环境保护与文化及宗教方面的本地情感相结合，使西弗吉尼亚人对家乡及自我的意识得以激发，从而在法庭上取得了成功。③ 在这一过程中，反对开山采煤者的阵营逐渐取代了美国矿工联合会，成为本地草根阶层社会激进活动的领导者。

三、折中意见者

根据尼可拉斯县的一次问卷调查的结果分析④，本地居民在开山采煤问题

---

① Crandall A. Shifflett, Coal Towns: Life, Work, and Culture in Company Towns of Southern Appalachia, *1880 - 1960*, Knoxville: University of Tennessee Press, 1991, P. 117.

② 俄亥俄山谷环保联盟 OVEC 全称：Ohio Valley Environmental Coalition；西弗吉尼亚高地保护组织 WVHC 全称：West Virginia Hightlands Conservatory；矿区山河守护组织 CRMW 全称：Coal River Mountain Watch。

③ Bryan T. McNeil, "Searching for the Home Where Mountains Move: the Collision of Economy, Environment, and an American Community." Ph. D. dissertation, University of North Carolina at Chapel Hill, 2005.

④ Christopher Dorsey, Southern West Virginia and the Struggle for Modernity, North Carolina: McFarland & Company, Inc., Publishers, 2012, P. 204.

上分成了三部分意见团体：反对者、支持者和中间群体。反对者往往从环境保护的角度出发，看到了开山采煤给当地植物、溪流和风景带来的破坏；而支持者的数量与反对者差不多，却认为环保主义者的宣传言过其实，误导了民众。并且，他们认为后来矿厂所做的生态还原工程也有一定成效。特别是那些依仗煤矿产业过活的矿工们，甚至站在自己的立场上批评反对群体，认为他们大多数不是本地的工人阶层，根本不明白工作和生存才是第一位的[①]。

本地居民中另外的 1/3 人口则持举棋不定的态度。一方面他们知道开山采煤可以为该地区制造就业；另一方面也意识到对环境的破坏性影响。这些人呼吁在政府和煤矿企业与该地区的长期发展之间建立起紧密的关联性责任来。[②] 实际上，一些学者认为，美国政治制度的一个特点就是政治两极化，即常使问题变成是非、对错之争，而忽略了中间地带。这是长期以来两党竞选制度所形成的竞争策略所致[③]。在本案例中，支持者和反对者也出现了意见上两极分化的趋势，都力图使用能够吸引人眼球的概念来争取更多支持。这导致双方都过分强调对环境的危害和对就业的贡献，而忽略了对方论点中确实有道理的地方。例如，环保主义者就很少考虑如果取消开山采煤作业会对矿工及其家庭造成什么样的影响。

然而纵观整个斗争过程，以及斗争的主要场所——法庭判例，可以发现对西弗吉尼亚地区开山采煤的争论一直没有摆脱支持还是反对的两极思维的制约。折中的意见被埋没在媒体轰炸和法院辩论的喧嚣中。

第四节　以法律为舞台的斗争

对开山采煤的斗争很少以暴力的形式进行，这部分是由于，更易采取非常规暴力手段的草根阶层频频在法院诉讼中取得胜利。当诉求可以通过和平手段

① Christopher Dorsey, Southern West Virginia and the Struggle for Modernity, North Carolina: McFarland & Company, Inc., Publishers, 2012, P. 204.

② 同上.

③ Timothlty Sherratt 2013 年 9 月在社科院美国所做的题为“美国政治争斗所形成的意识形态”的演讲中提到。

得以实现时，就不会上升到武力冲突的层面。在本案例中，反对开山采煤者多次诉讼煤矿公司，主要围绕着两部有关环境政策的法案，即1977年的地表采煤控制与生态复原法案（SMCRA）和水清洁法案（CWA）。为更好地理解不同利益群体在美国司法制度框架内是如何角力，以及在法庭判例背后的权力争斗是如何进行的，首先需要对美国司法体制进行简单的介绍和分析。

一、诉方（反对者开山采煤）的主要论点

反对者最重要的论点就是开山采煤对环境的危害，因为环境的变化极有可能给溪流、野生动植物和人类健康带来不利的影响。环保主义者与科学研究团体大力宣传开山采煤将带来的潜在危害，引发了公众的关注，最终在法律官司中频频获胜。根据美国环保局（EPA）网站显示，开山采煤产生的大量矿物废料即便没有直接倾泻到溪流中，也依旧会通过地表堆积或填埋等方式逐步污染到溪水的基流，从而危害到溪流里的鱼类和水体的生态环境。[①] 2008年《北美底栖生物学会杂志》刊登文章论述，开山采煤严重影响了下游的水体生态；更有科学家通过实验得出结论，认为山谷底部溪流的水源已经严重污染，以至于整个微生物种群都难以在水体中存活，因此开山采煤对水源的污染是“巨大而不可挽回的”。[②] 此外，开山采煤还会改变地表环境并破坏植被，从而影响到其他野生动植物的生存。虽然目前的法规要求采矿企业采用科学的方法退还已开发的土地，还原其在开发之前的生态环境，但事实上很少有采煤点能够有效地恢复已被破坏了的生态。部分是因为采煤后的土层一般不太适合植物生长，使得树木生长缓慢。所以矿业公司即便是采取补救措施，大多也只能是以草地代替原来的森林，而无法达到百分之百的还原。与植被改变息息相关的是动物种群。一般来讲，鼠类、火鸡和鹿等还能够大致适应草原植被，但森林鸟类和熊

① 美国环保局（EPA）网站“Mid - Atlantic Mountaintop Mining”，查自 http：//www. epa. gov/Region3/mtntop/，2013年10月2日登陆。

② Gregory J. Pond，Margaret E. Passmore，Frank A. Borsuk，Lou Reynolds，and Carole J. Rose，“Downstream Effects of Mountaintop Coal Mining：Comparing Biological Conditions Using Family - and Genus - level Macroinvertebrate Bioassessment Tools，” Journal of North American Benthological Society，27，No. 3，274. 查自美国环保局网站 http：//www. epa. gov/Region3/mtntop/，2013年10月2日登陆。

等大型哺乳动物则深受其害。再加上城镇化占地的扩张，这些动物的种群数量不断下降[①]。

反对者除了突出开山采煤对水体、动植物及生态环境的破坏外，还从公众安全的角度加以宣传。特别是大量的工程建设、产生的废渣污染，以及煤炭运输激增对环境的影响等不仅给当地人生活带来了困扰，而且引发了新的地方疾病，威胁到居民的健康和安全。首先，开山采煤的第一步移除表层植被和土层。在这一过程中需要用炸药将坚硬的地表岩石炸开。爆炸声往往绵延数十英里，以至于周边小镇的居民房屋地基被损坏，玻璃被震裂，甚至碰到飞开的岩石残片。随后，运载着煤炭的卡车不断出入小镇，将煤炭运往美国国内和海外市场。运煤卡车往往吨位较高，体型巨大。来来往往地给附近居民增加了噪音、灰尘、交通堵塞和交通事故；而地方政府在煤炭公司的游说下，一度提高了本来脆弱的道路载重限重，这导致道路破损频繁，据统计，仅在 2003 年一年，西弗吉尼亚地区道路修缮的费用竟高达 28 亿美元！此外，煤炭被开采出来后，需要用水冲去表层的灰渣，冲洗后剩下的矿灰水被储存在泥浆状的水潭里。一般一个这样的泥浆水潭大小和湖泊差不多，整个西弗吉尼亚地区有 100 多个这样的水潭。其中许多矿灰潭都被西弗吉尼亚环保局列为 C 级污水坑，即具有高危险性的设施。一旦泄露就可能会对居民生命、各种建筑、道路等带来毁灭性的影响。这些废水潭包括接近人口密集城镇的舒美特矿灰潭，该潭就在当地的地方小学旁边，如果水坝决堤，泥浆 3 分钟内就会冲到小学。为此，2005 年一些居民来到瑞蒙德地区（Richmond）的马赛能源总部（Massey Energy's headquarters）抗议示威，结果当局逮捕了 20 多名示威人群。而在怀特斯维勒（Whitesvelle），雨季里一些居民因为害怕矿灰潭决堤，晚上睡觉时甚至穿着衣服，以便发生意外时能够及时逃跑。[②]

最后，反对开山采煤的居民还从情感的角度渲染此举给当地文化和居民心

---

① 美国环保局（EPA）网站"Mid - Atlantic Mountaintop Mining"，查自 http：//www. epa. gov/Region3/mtntop/，2013 年 10 月 2 日登陆。

② Bryan T. McNeil, "Searching for the Home Where Mountains Move: the Collision of Economy, Environment, and an American Community." Ph. D. dissertation, University of North Carolina at Chapel Hill, 2005, P. 16.

理带来的创伤。一些宣传语中写道："随着郁郁葱葱的山谷被爆破，家乡的美景也被无情地剥夺"[①]，人们觉得煤炭公司破坏当地的水土的行径在本质上是"剥削"当地的自然资源，"强奸"了人们的生活与情感[②]……一些居民还回忆童年时代父辈带着自己和兄弟姐妹去打猎、捕鱼的情景，认为煤炭公司不光掠夺了资源，而且还毁灭了当地的田园式生活方式，以及宗族纽带文化。反对者正是结合了自然环境破坏的科学论据和当地人的情感渲染，从真实存在的理论和烘托假设出的情感两方面加以渲染，作为斗争的武器。事实证明，这两方面的宣传是十分有效的，反对开山采煤的社会活动团体频频在法庭上取得胜利。同时开山采煤者受到了舆论的巨大质疑和挑战，这迫使矿厂不得不注重反对者提出的问题，采取措施加以应对。

二、辩方（支持者开山采煤）的应对

在反对者的指责下，倡导开山采煤的公司和团体不得不对上述质疑进行回应。相对于反对开山采煤的社会活动团体来说，矿业公司在经济和政治权力上占有一定的优势。他们很快联合媒体进行宣传，争取民众的理解与支持。在是否应继续开山采煤这个问题上，西弗吉尼亚地区的居民意见产生了严重的分化。总的来说，支持者的宣传主要以提供科研数据，强调开山采煤对西弗吉尼亚地区就业率的重要贡献，以及新技术相比原有采煤法更利于工人的职业安全等方面入手；此外，他们还将环保主义者描绘为激进的社会治安扰乱者[③]。

此外，在开山采煤这一问题上，持支持态度的社会团体主要还有煤炭教育发展与资源组织（CEDAR）、煤炭之友，以及西弗吉尼亚煤矿联盟（WVCA）等。西弗吉尼亚地区在20世纪六七十年代经济持续放缓，而煤炭工业作为当地的支柱产业，其提供的工作机会对于当地居民的经济生活产生的影响是至关重

---

① Shirley L. Stewart Burns, "Bringing Down the Mountains: the Impact of Mountaintop Removal Surface Coal Mining on Southern West Virginia Communities, 1970 – 2004." Ph. D. dissertation, West Virginia University, 2005, P. 71.

② 同上。

③ Shirley L. Stewart Burns, "Bringing Down the Mountains: the Impact of Mountaintop Removal Surface Coal Mining on Southern West Virginia Communities, 1970 – 2004." Ph. D. dissertation, West Virginia University, 2005, pp. 19 – 39.

要的。一方面，“树木和文化并不能填饱肚子”，那些在开山采煤工程中得到工作机会的工人们似乎别无选择，他们总不能一边拿着煤厂提供的赖以生存的工资，一边反对开山采煤自砸饭碗。而另一方面，支持开山采煤的社会团体同矿业公司一道，也向教育界、工商群体等进行宣传，努力驳斥批评者提出的观点，并证明采矿业不光对当地经济，而且对社区建设等方面都颇有贡献。①

而从上述支持开山采煤的社会团体的网站上，对其自身活动宗旨的描述进行话语分析，不难看出，这些团体通过教育、科普等方方面面对民众进行宣传。首先，各个煤炭企业主们也联合起来成立了社会活动组织，即西弗吉尼亚煤炭联盟（WVCA），其成员中有本地各派名流，特别是政治经济上具有影响力的精英群体。其网站上对目标宗旨的描述是②：

1. to take all necessary steps to ensure the WVCA is the leading voice forall matters related to coal in West Virginia（采取所有可能的办法保证西弗吉尼亚煤炭联盟在本地区所有有关煤炭的重要事务中具有话语领导性）

2. To be a strong advocate for improving safety at our members' operations through education, and legislative and administrative actions and bring positive recognitions to the safety accomplishments of members（通过教育、立法及行政活动，致力于改善成员组织的生产安全，并对成员组织实施的安全措施加以肯定性的认证）

3. To implement an organized, focused effort to inform key demographic segments across West Virginia of the advantages of using West Virginia coal（有组织地、有针对性地向西弗吉尼亚各人口种群进行使用本地煤炭优势的宣传）

再如，煤炭教育发展与资源组织在 2001 ~ 2005 年，向西弗吉尼亚南部地区的中小学投入了大约 3.4 万美元的资金用于在校设置课程及设立煤炭奖学金，旨在促进当地的中小学生“understanding of the many benefits the coal industry pro-

① Shirley L. Stewart Burns, "Bringing Down the Mountains: the Impact of Mountaintop Removal Surface Coal Mining on Southern West Virginia Communities, 1970 – 2004." Ph. D. dissertation, West Virginia University, 2005, pp. 73 – 83.

② 西弗吉尼亚煤炭联盟网站，查自：www. wvcoal. com，2013 年 10 月 7 日登陆。

vides in daily lives by providing financial resources"[①]（理解煤炭工业为本地人们日常生活所做出的贡献）。

如果说煤炭教育发展与资源组织的针对群体是中小学生的话，那么"煤炭之友"组织则致力于对大学生及成年公民的宣传教育。该组织在本地区的两所主要大学西弗吉尼亚大学和马歇尔大学间资助创办了一系列的年度足球比赛，每年的赛事都是场盛世，战胜队还将获得由西弗吉尼亚州州长亲自颁发的政府奖杯。在"煤炭之友"的网站上，介绍其活动宗旨是[②]：

> "dedicated to informing and educating West Virginia citizens about the coal industry and its vital role in the state's future. Our goal is to provided a united voice for an industry that has been and remains a critical economic contributor to West Virginia. By working together, we can provide good jobs and benefits for future generations, which will keep our children and grandchildren closer to home"（向西弗吉尼亚公民进行普及教育，致力于普及煤炭工业在本地区经济建设及未来发展中所承担的支柱作用。在煤炭产业的共同努力下，我们为未来的西弗吉尼亚人提供了优质的就业和社会福利，使我们的子孙能够在本地就能找到合适的工作，而不必为工作而离开家乡……）

从上述各组织的目标宗旨的描述中可以发现，支持开山采煤的团体宣传也是十分打动人心的。例如，突出煤炭工业对本地经济，特别是提供就业方面的重要性；再者，本地其他产业所能提供的就业机会本就十分稀少，导致近年来当地年轻人外流的现象也十分严重。而正如前所述，本地从殖民时代起就以自给自足的农业生产而产生了独特的宗族文化纽带。"煤炭之友"等组织也迅速意识到这一点，在其宣传中将这两点联系起来，加以利用。可以说，开山采煤各支持方的应对，不仅动摇了反对者阵营的可靠性，将他们描绘成激进的极端主义者；而且还从经济角度宣扬，如果禁止开山采煤，将对本地经济带来毁灭性的影响；此外，煤炭之友等组织对于本地宗族文化的把握也吸引了一部分当地居民的支持。就这样，无论是在法庭上，还是法庭外的小镇里，居民们在就

① Coal leader 网站，查自：http：//www.coalleader.com/2005/CEDAR_west_va_05.htm，2013 年 10 月 7 日登陆。

② 煤炭之友网站，查自：www.friendsofcoal.org，2013 年 10 月 7 日登陆。

业与环境污染这一两难矛盾中产生了分化。

三、法庭判例

在 1998 年布莱格诉罗伯森案中（Bragg V. Robertson），社会活动者将矛头对准了西弗吉尼亚环保局和开山采煤工程人员，起诉他们同时违反了两步环境政策法案——地表采煤控制与生态复原法案（SMCRA）和水清洁法案（CWA）。时任法官查理·哈登判决认为，当时强制要求在矿区与溪流间留下的缓冲区为 100 英尺（合 30 多米），这适用于溪流的任何部分，因此布莱尔郡附近的达尔—泰克斯开山采煤区（Dal - Tex mountaintop removal site）必须停止开发。虽然此案例后来又有反复，但是布莱格诉罗伯森案的判决鼓舞了社会活动者们与开山采煤工程斗争的士气。①

而在俄亥俄州山谷教育联盟诉布伦案中（OVEC V. Bulen），美国陆军工程师团（United States Army Corps of Engineers）② 向绿色山谷煤炭公司发放了授权许可，允许该公司向蓝溪支流倾倒了厚达 431 英尺的开山废料，这些污染了的溪水而后将流入荷明尼河（Hominy）。此外，在长期规划中，绿色山谷煤炭公司还可能有大约 150 万吨未经处理的废料和 510 吨处理后的废料将被倾倒在蓝溪支流。俄亥俄州山谷教育联盟起诉该做法对溪谷造成了污染，时任法官罗伯特·古德温判决认为，美国陆军工程师团不应以“对环境危害较小”的理由向河谷倾倒或填埋采矿废料的行为发放许可，此举违反了水清洁法案。此案判决工程师团撤回了 11 项附加许可，随后又有另外 6 项相关许可也在后来的法庭上根据此判例得到撤销。③ 但此案在法庭上的争斗远没有就宣判结束。随后第四巡回上诉法庭又推翻了古德温法官的判决。实际上当时巡回法庭的陪审团意见

---

① 布莱格诉罗伯森案（Bragg v. Robertson），NRDC 报告，2012 年 7 月，查自 http：//www. nrdc. org/globalWarming/coal/coalclimate. pdf，pp. 20 –23，2012 年 9 月 22 日登陆。

② 美国陆军工程师团，United States Army Corps of Engineers，是隶属于美国联邦政府和美国军队的公共工程、设计和建筑管理机构，更多详细介绍参见 http：//en. wikipedia. org/wiki/United_States_Army_Corps_of_Engineers.

③ 俄亥俄州山谷教育联盟诉布伦案（OVEC v. Bulen），查自 http：//www. nma. org/pdf/misc/112906_ nwp_ comments. pdf，2012 年 9 月 22 日登陆。

并不一致，法官们对判决结果也颇具争议。[①]

在另一OVEH诉USACE案中，法院判决同样质疑了美国陆军工程师团为开山采煤工程发放倾倒废渣许可的权力。时任法官罗伯特·钱伯斯判决工程师团同时违反了水清洁法案和国家环境保护法案：即在罗道特（Loadout）和弗拉（Fola）两地的废渣倾倒中没有向公众提供足够的警示；倪丽斯（Nellis）的废渣处理缺乏足够的环境影响测评。因而判决工程师团为上述三地的工程许可分别补发一份修正通知，并在充分采纳、答复居民意见后，重新审核这三份许可书。[②] 然而法院的判决并没有阻挡住煤矿公司的开山采煤活动，实际上，在钱伯斯的判决生效后，煤炭公司在被审查的同时仍被允许继续运营。

类似的案例还有许多，甚至在2001年由于起诉开山采煤作业导致水土流失、洪水频发的案子十分普遍，以至于西弗吉尼亚最高法庭还针对此类诉讼专门设立了“洪水诉讼陪审团”。而在大多数情况下，应诉的煤炭公司不得不做出或多或少的让步。例如，修韦斯特地区饱受煤炭颗粒物的困扰，整个小镇都终日笼罩在煤尘之中。由于环境污染，镇上的房产价值暴跌了80%。当地的居民在与马赛能源公司进行了长期斗争后，终于在2003年获得了该公司47万多美元的经济赔偿。同时该公司还被迫承诺将出入小镇的运输卡车数量减半。[③]

正是由于煤炭企业在法庭上频频受挫，开山采煤作业受到了越来越严格的管控。而与此同时，环保主义者等反对开山采煤的群体在斗争的过程中，政治活动能力得到了锻炼并增强，他们越来越能够有效地利用法律武器，促进产生更加严格的司法规定。这使得通过开山采煤获利的团体不得不调整日常运营，以达到法律规定的要求，以免将开山采煤获得的财富在法庭上损失掉。

---

① 美国第四巡回上诉法庭，俄亥俄州山谷教育联盟诉布伦案，反对意见：编号No. 04－2129，CA－03－2281－3。

② 西弗吉尼亚南部地区区域法庭OVEC诉USACE案，民事诉讼No. 3：08－0979号，2009年1月24日。

③ Shirley L. Stewart Burns，“Bringing Down the Mountains：the Impact of Mountaintop Removal Surface Coal Mining on Southern West Virginia Communities，1970－2004.” Ph. D. dissertation，West Virginia University，1993. pp. 162－170.

第五节 结局与分析

对开山采煤问题的争夺促使了一系列法案的出台，其中就包括植被复原工程。该法案要求矿业公司在一些指定的采煤点原址上进行为期 12 年的树木种植工作。在此期间，如若发现树木数量没有递增的话，矿业公司将面临额外的罚款。根据田纳西大学的相关研究证明，橡树、枫树等一些树种相对更能适应开山采煤后的土壤环境，成活率大约有 78%，相对较高。此外，还有一些科研团体对如何改善采煤后的土层进行了科学实验与研究，使这些不易生长动植物的土层逐步恢复土壤的肥力；另有许多研究针对种植技术的改良，以提高树木成活率。因此，总的来说，植被复原工程在改善水土等方面还是卓有成效的。虽然不能完全复原，但也在一定程度上弥补了开山采煤带来的环境危机。①

在这场争斗中，值得一提的是 UMWA 工会组织。在第一幕中的潘特溪大罢工中，工会起到了联合各方民间团体的力量，组织工人罢工的重要作用，但之后受到了重创。而在几十年之后的开山采煤问题上，工会又面临着进退两难的境地。在当地居民的态度产生了严重的分化的情况下，因为矿企确实为本地就业作出了贡献，UMWA 美国矿工联合会中的许多会员就是开山采煤的工人。所以美国矿工联合会选择了与采矿企业一道，支持开山采煤的政治立场。但是美国矿工联合会为了保住其矿工会员数，而与采矿企业一道，支持开山采煤的做法，使得工会组织最终与环保组织、社会活动团体等产生了决裂。同时值得注意的是，1941～2000 年，部分由于机械采矿所造成的矿工总数的减少，UMWA 的会员数目急剧下降，已经从 30 万人减少到了 2 万多人，此时 UMWA 工会的力量已远不能和 20 世纪初相比，可以说，美国矿工联合会这个工会组织已经衰落。②

---

① 查自 http：//arri. osmre. gov. ，2013 年 10 月 7 日登陆。

② Shirley L. Stewart Burns，“Bringing Down the Mountains：the Impact of Mountaintop Removal Surface Coal Mining on Southern West Virginia Communities，1970－2004.” Ph. D. dissertation，West Virginia University，1993. P. 59.

第四章

案例三：旧金山海港区的改造

通过案例二中对阿帕拉契亚矿业小镇的案例分析，我们发现城市用地的布局、用途、外观等从本质上都是该城市的社会中权力竞争和分配的产物。这一章将试图从更长的历史视角与更宽泛的空间视角来阐释某一小地块的地用变更背后的缘由与动力是什么。本章选取了美国西海岸旧金山的滨海区作为案例，重点回顾并解读该地块区域是如何从海港运输产业基地转型为休闲娱乐区的。为方便分析与对比，本章将继续以舞台比喻的结构对这一过程进行大致的分析，最后一章将试图建构历史分析的三个层面，并分别在这三个层面上对所述案例进行更为深入的横向与纵向对比。

第一节 舞台的布景

旧金山是美国西海岸仅次于洛杉矶的第二大城市，也是一座美丽的旅游城市。在该城各色著名的游览地标背后，作为旅游者也许可以看到其海港文化、多元的背景和美国早期的企业家精神。但如果回到图书馆细翻这些景区的历史，很快就会发现，景区短短的历史介绍是无法涵盖所有的方方面面的，而必然是有所选择与突出的。景区所展现给人们的历史遗迹在突出了某些方面的同时，略去了大部分的历史原貌，从而人为地构建了“需要”被现代人了解的历史。鉴于篇幅与主题的需要，本章仅就旧金山海港区沿线的一小段历史加以回顾。分析所采纳的一手资料为旧金山中心码头历史景区（Fort Mason Historic District）

的介绍展板[①]。

19 世纪中叶，伴随着附近金矿的发现，兴起的“淘金热”（gold rush）促成了旧金山的初步但迅速的发展。当时该城发现金矿的消息一出，在交通及通讯并不发达的 19 世纪，短短三个月内旧金山人口便激增了 2.5 万人[②]。到了 1900 年旧金山的城市面积基本和现在该城的大小相当。在城市史的研究上，历史学家将这种再短短几十年内形成并保持相对稳定大小的城市称为“速成式城市”[③]。与此同时，早期大量华人劳工被贩卖于此，在极为艰苦的条件下作为苦力修筑铁路。而 San Francisco 圣弗朗西斯科的中译名之一“旧金山”即源自这些华裔对该城的旧时称呼。

在地理上，旧金山更像是一个三面接水的半岛，面向广袤的太平洋。因此旧金山海港区在第二次世界大战前一直是美国最重要的港口之一。今天中心码头历史景区（Fort Mason Historic District）所展示的各式船舶正突出了旧金山的这段历史。在铁路还未修建完工，以及修好的很长一段时间里，旧金山码头港口东部是非常繁忙的海港，码头停满运送货物的船只，源源不断地将生产原料运送至该城。并将生产出来的产品再运送出去。在 19 世纪中后期，因为北美大陆的主要工业制造业集中在东部沿海城市，位于西海岸的旧金山在地理上鲜有竞争对手。肉类屠宰、加工，农产品加工，钢铁制造业、造船业、建筑业，各种制造、加工等产业都随着淘金热的兴起而飞速发展并成熟[④]。截至 1880 年，旧金山制造业所雇用的工人数目占全加利福尼亚地区的2/3，该城中约1/3 的雇佣人口是工人[⑤]。可见码头运输业的繁忙离不开旧金山当时制造业与机械加工

---

① 作为本案例的一手资料，关于旧金山中心码头历史景区 Fort Mason Historic District 中所展示的旧金山历史介绍，可查本文附件部分的展板图片，或查旧金山旅游局网站 http：//www. sfcityguides. org/desc. html？tour = 100。

② 参见百度百科：http：//baike. baidu. com/link？url = vNuZi4gkHsHm_ cQkm4zS – hgzxx – KJ – cbAZVCj-wITfpFw7FXwN4yt9_ mannj5yRM1dHapRXr7UxRJ9r4rmsn5khjgUZaXaWW67eB1uUfPRp Yw9THclE1D28TvkV_ iv – sl#3_ 1。2013 年 12 月 20 日登陆。

③ Bath Gunther，Instant Cities：Urbanization and the Rise of San Francisco and Denver，New York：Oxford University Press，1975，P. viii.

④ Bath Gunther，Instant Cities：Urbanization and the Rise of San Francisco and Denver，New York：Oxford University Press，1975，pp. 20 – 83.

⑤ 王旭. 美国城市发展模式——从城市化到大都市区化. 清华大学出版社，2006：79.

业的繁荣兴盛。而制造业与加工业的蓬勃发展与淘金热紧密相连，在时间上又与美国工业革命时代相一致。

码头历史景区所突出的另一段历史特征是第二次世界大战期间美国的重要战略部署基地。第二次世界大战期间，作为战略部署基地，同时作为重要的产业中心，这两个因素使旧金山在第二次世界大战期间地位迅速抬升。在20世纪50年代前，根据统计，1925～1940年的港口的年均货运量在769万吨上下。而到1949年之后，则已经下降了260万吨了。其中最主要的缩水发生在海岸线和港口运输方面，而在国际贸易数量上还能大体维持原水平。汽油是最主流的货物，其卸货主要针对私人港口，而非公共港口①。这一信息所反映的主要问题应当是早期港口的经济受益来源。也就是说，早期在整个货物贸易流量中的汽油比重相当高，而这些收益主要来自私人公司的港口交易和运输业务。

而在上述两个时间节点（即旧金山中心码头历史景区内所突出的作为制造业码头和作为第二次世界大战美军战略部署基地两个历史时期）之间，在景区的历史描述中存在半个多世纪的时段空白。从19世纪90年代起，旧金山的制造业发展速度开始放缓。此后，该城的制造业在波动中呈现下滑至衰落的总趋势。特别是1906年旧金山大地震及火灾后，其制造业产能迅速衰退：旧金山在1904年有2251家工厂，而到了1909年，只剩了1796家。这个数字与1899年旧金山的工厂数量差不多②。从1929年之后，旧金山就已不是加州最大的制造业中心了。虽然第二次世界大战期间作为战略部署基地，旧金山的制造业被重新注入了活力，但战后不久，制造业衰落的大潮又席卷而来，许多产业都退出了旧金山市区。而某一沿海城市或地区的经济活动繁华程度，往往决定了该城市港口的重要性。

除了时间上的节点空白外，中心码头历史景区在内容上还更强调休闲娱乐，以及商贸与教育的功能。而清冽的海风与飞翔的海鸥又加重了人们这一休闲的

---

① State of California 加利福尼亚州官方网站，搜索 Ports of San Francisco Bay，第13条。查自：http：//www. ca. gov/Apps/SearchNew. aspx？ search = Search + services% 2C + forms + and + information + in + your + area. &cx = 001779225245372747843% 3Amdsmtl_ vi1 a&cof = &ie = UTF – 8&submit. x = 24&submit. y = 25。2013年12月27日登陆。

② Mel Scott，the San Francisco Bay Area：a Metropolis in Perspective. Berkeley：University of California Press，1985，pp. 136 – 272.

感觉，使人们不自觉地忽略了曾经作为许多码头工人工作场所的滨海区域，以及当时在码头上上演的各种暴力、走私、码头工作的危险与辛劳，人们的斗争、剥削、欺诈等。

对旧金山制造业产业衰落原因的著述颇多。罗宾（Rubin）在其关于旧金山城市改造历史的作品中论及自 1947 ~ 1967 年旧金山港口和奥克兰港口交易量的对比。从中可以明显看到，节点就是 1951 年。这一年旧金山港口交易量首次被奥克兰港口交易量超过。而此后，两个港口的交易量则基本持平。这一阶段除了奥克兰港口的爆发之外，最主要导致旧金山港口衰落的原因还是来自长途货运产业的发展进步（特别是卡车货运的发展）、航线变更和投资意向变更等。总的来说，旧金山制造业的衰落并不是该城市的独有现象，而是第二次世界大战后美国区域经济发展史上的一个显著趋势，即制造业的衰落和外迁，伴随第三产业、金融业及信息技术产业的上升。当时在传统的制造业，美国各大城市的产业基础受到了日本等新兴工业化国家的冲击。具有强烈流动性的资本转而投资环境成本、人力成本较低的海外经济区，这导致码头的“去工业化”，以及制造业基础设施的地点迁移。这种产业结构的变革一方面强化了该市的产业竞争力，另一方面也加深了美国经济对世界产业链及市场的依赖。这方面在本章后面还将有更详细的论述。

另外，旧金山港口衰落也有运输航线改道的原因。第二次世界大战后，本来作为军港的旧金山港口功能就有所下降，而到了 20 世纪后半叶，随着运输技术的进步，很多货船也都不再停靠旧金山港，而转道奥克兰港口。这是因为旧金山港的港口条件并不太适合大型集装箱船只的运输停靠，第二次世界大战后的货船吞吐量更大，旧金山码头的设施不适合停靠此大吨位的货船。同时，奥克兰港更接近加州水果、食品加工工厂区，公路将工厂与奥克兰港便捷地连通起来。而且即便奥克兰港没有作为旧金山港口的竞争对手，20 世纪五六十年代，美国长途运输公司通过西海岸沿线的高速公路，也提供了较海运更为便宜、灵活的运输服务①。

---

① State of California 加利福尼亚州官方网站，搜索 Ports of San Francisco Bay，第 24 条。查自：http：//www. ca. gov/Apps/SearchNew. aspx？ search = Search + services% 2C + forms + and + information + in + your + area. &cx = 001779225245372747843% 3Amdsmtl_ vi1 a&cof = &ie = UTF - 8&submit. x = 24&submit. y = 25。2013 年 12 月 27 日登陆。

此外，旧金山20世纪五六十年代一直出售土地用于餐馆、写字楼、停车场等商业建设。城市经济结构的转型吸引了对港口周边房地产与商业基础设施建设的投资。这也在一定程度上影响了码头吞吐货物的能力①。

第二节　舞台音乐：后工业化与后现代城市

对旧金山滨海区域的改造是从20世纪60年代开始的，这种改造是漫长的，充满多方利益角逐与讨价还价的过程。在这一“舞台剧目”中，各利益体的行动又无可避免地受到了他们所处时代人们对城市发展的思想的影响，即“舞台音乐”。当时，追求无节制发展的现代化思想在20世纪50年代的旧金山还十分流行。人们认为经济的增长是首要的，并盲目追求物质的增长与扩大，觉得通过现代化的增长，人们就会不断获得权力、幸福，社会不断发展进步。似乎科学的重要性在美丑、善恶之上；一切都可以通过数字加以理性的、科学地统一衡量与解释。虽然美国社会在60年代出现了思想的多元化趋向，人们开始注意到城市无节制发展所带来的种种弊端，但是60年代对旧金山码头区的功能改造的出发点还是再保持其经济活力方面：即面对不断下滑的制造业，如何通过消费与休闲转变经济功能，从而使资本追忆经济回到持续增长的轨道上来。

对现代化的深刻反思直到20世纪70年代才出现。马克思·韦伯指出，启蒙时代思想家所倡导的科学、理性，以及普遍自由被人们简化为“目的—工具性的合理性”（purposive - instrumental rationality）。这种形式的理性主义影响了人们整个社会与文化生活，渗透到了我们的经济结构、法律法规、行政管理事务，甚至艺术之中。导致现代社会中，人们被关在了机制性理性的“铁笼子”里②。“现代性不过是一种重要的能量，在虚无的、毁灭性的，以及在个体的疏离、绝望中得以运行。在知识与科技所主导的现代生活的光鲜外表下，现代性

---

① Board of State Harbor Commissioners（BHSC），1958年第三季度报告。

② 大卫·哈维，《现代性与现代主义》中译本，庄婷译。查自百度文库http：//wenku. baidu. com/link？url =2I - RjoHTQcUiU3ly0 - vKl8Ged1MlSMYtrxcStZsWwl05No9f EFiCMe8B1w3Uc92U8NCKuyKlE9VNBVOLpVXvHAPmgvwH2xN9S3p _ fnP2tme，2013年12月22日登陆。

的动力在本质上是原始、野蛮、冷酷的……启蒙时代意象中的文明、理性、道德、普遍权力等人性的精华被忽视与毁坏……”①。

建筑领域是最早开始引入“后现代”概念，并进行讨论的学科之一。以哈维为代表的后现代学者批评以高层建筑、玻璃大楼，以及标准化设计为特征的现代建筑太过千篇一律。使各城市的中心布满了由玻璃与钢筋混凝土建造而成的高楼大厦，而缺乏对本地环境与人文传统的融合。因此后现代实际上是对现代性的反思，它突出差别的重要性，提倡多样与多元。今天，后现代所讨论的主题还包括对科学绝对作用的怀疑、对美学的新关注、个体对自身及其行为准则的反省，以及大众传媒、消费主义、社会政治等方方面面②。

具体到某一城市中，例如本案旧金山，后现代思想崇尚“杂乱而有活力好于明确而统一”③，因此后现代倡导将城市中的各个区域与部门与其所在环境拼接、组合为一个复杂而多元的综合体。旧金山的城市规划部门自20世纪七八十年代起就受这种后现代主义的思想影响，并没有给旧金山确立一个统一的、围绕单一中心发展的规划。而是旧金山的城市发展秉承多元中心并存的方式，不同的群聚性社区在原有的地理基础上产生重叠与拼接，才会在今天的旧金山地图上看到各种功能区的混乱交杂，但同时又有城市的开放与多元。例如，今天的旧金山中心码头历史景区就与附近的海洋公园、渔人码头消费娱乐区、吉拉德里（Ghirardelli）商业区拼接、交错在一起。对这一现象，你可以认为这是后现代主义城市对抗同质化的多元体现，也可以将这种碎片化的功能区理解为原有的具有绝对性力量的产业象征被不断侵吞、分解成为一个个象征性的区域。码头制造业曾经是这一地区的支柱性产业，但随着其功能的衰落，这一地区被不断分解，最后成为地图上的一小块“中心码头历史景区”；旁边则犬牙交错或重叠着商业区、高尚住宅小区、娱乐休闲区等。

在20世纪70年代后期，一方面，美国各拥有海港的城市里兴起了一股重

① M. Bradbury & J. McFarlane, Modernism, 1890 – 1930. Harmondsworth, 1976, P. 446.

② 卢丹梅．后现代主义城市空间．南方建筑，2004（5）．查自：http：//www. cnki. com. cn/Article/CJFDTotal – NFJZ200405028. htm。2013年12月22日登陆。

③ 罗伯特·文丘里．建筑的复杂性与矛盾性（中译本）．中国水利水电出版社，2006：1，周卜颐译。

新规划利用原有码头的风潮[①]，有些城市将原有的海港基础设施加以升级，或者发展新兴工业、建立商贸项目，将码头改造为休闲区或滨海居住区等；另一方面，在美国工业萎缩的大背景下，各大城市也都不得不寻求更多样的收入来源，产业转型也就成为保持城市吸引力与竞争力的必然选择。这场城市面貌的重新包装是以突出地方特色与娱乐消费为主要特点的。在城市规划行业中“都市更新”（rousification）的术语就出现在这个时期，主要的做法就是在城市旧有的历史街区里，将原有的本地建筑符号与商业消费功能进行重新组合与变通，从而使旧有街区被“有特色地”改造为商业消费或观光区，使旧街区再生。这种方式通过新创造出来的逛街购物及旅游观光需求吸引了新的居民和人流。以这种特色商业街为代表的城市改造项目有波士顿 Faneuil 市场区、巴尔的摩内港和纽约的南街码头等[②]。可以说，将旧有码头改造为节日广场或文化休闲功能区自 70 年代起就是惯用的做法。这些功能区中以具有地方历史标识的建筑外观和设计提示人们该地区曾经的历史文化，同时结合有办公写字楼、人行道、住宅区、零售店等，但真正使改造了的功能区运转起来的是地方小吃街和商业消费休闲的设施。旧金山渔人码头可以说就是在这种城市 Rousification 改造风潮中兴起的建设项目——突出海港特征的消费休闲区。

第三节　舞台人物

一、政府及市政管理方

在市政方面，现代美国不同城市政府的权力结构类型存在着差异，一般来讲，存在市长—议会制（mayor - council system）、强市长制（strong mayor system）、城市委员会制（commission system）和议会—经理制（council - manager system）四种市政权力结构形式。在市长—议会制的城市中，议会是主要决策

① 陈雪明．美国城市规划的历史沿革和未来发展趋势．国外城市规划，2003（4）：39.

② 柯善咨．关于建立南京大学城市与区域规划学系的请示报告．2002.

者；在强市长制的城市中，市长有权对各个部门的行政主席加以任命；而在城市委员会制的市政府中，被选举出来的委员会成员是该城市政府的实际掌权者；最后的议会—经理制则由议会雇佣一位负责城市日常事务的“经理”，在这种市政府中，效率与合理性会是考察“经理”的主要方面，社会公正则相对难以加以衡量与贯彻①。

本案旧金山是典型的“强市长”市政体系②。市政府由市长、监督委员会、被选举的官员和其他一些行政部门构成。市长是旧金山地区的行政首脑，肩负着执行城市法规、批准或否决监督委员会提交的议案等职责。市长任期为四年，可连任两届。还有比较特殊的一点是，旧金山是加州唯一的市—地合一地区（consolidated city - county），因此旧金山市长也是旧金山地区的地方长官，自1856年开始旧金山市长与旧金山地县长官就一直是合二为一的。此外，监督委员会则由按照选区而分别选举出来的11名成员组成，并有一名主席，负责法案的制定通过，以及政府预算等工作，相当于立法机构。

根据旧金山港口官方网站的政务信息，总的来说，旧金山的市政府结构及组织架构包括：旧金山港口管理委员会（San Francisco Port Commission）、旧金山指导委员会（San Francisco Board of Supervisors）、旧金山规划部（San Francisco Planning Department）、海岸设计咨询委员会（Waterfront Design Advisory Committee）、市长与市政府。这些部门构成了整个城市围绕海港地用使用方式选择的权力机构群体，也可以认为是海港收益模式设计的管理群体。大致来讲，港口管理委员会（SFPC）是个半企业半政府组织，负责联结码头公司与政府部门；旧金山指导委员会（SFBS）掌握类似于行政权的部分；规划部（SFPD）更侧重于立法（规划文件具有法律效力）；而海岸设计咨询委员会（WDAC）则掌握一定的司法职能。下面对上述机构各自及相互间的关系和各自的责任，他们是如何运营的等方面加以大致叙述③。

首先，港口管理委员会（SFPC）主要起规划设计及安保、防火、维护等辅

① 约翰·仑尼·肖特．城市秩序：城市、文化与权力导论（中译本）．上海人民出版社，2011．郑娟、梁捷译。

② 查自维基百科：http：//en. wikipedia. org/wiki/San_ francisco。2014年1月4日登陆。

③ 本部分信息均查自旧金山港口网站：http：//www. sfport. com/。2014年1月4日登陆。

助作用。而具体的日常的运营，港口的一切商业及经营活动，甚至是各种生产、生活设施，如仓库、餐馆、游船等都租赁给私人公司进行直接管理。也就是说，虽然最初码头的集装箱起重机是由港口购买的，但却是由码头装卸公司和海运公司连同他们固定使用的码头及其基础设施一并租赁下来，负责平时具体的运营活动及收入支出。从这个意义上讲，旧金山港口管理委员严格来说并不是一个完全独立的政府组织，它的经济来源并非来自旧金山政府，而是由租赁土地及基础设施给公司，收取公司交给该委员会的租金等才得以运转，有点企业机构的性质。甚至如果查询该管理委员会的联系信息，细心的人就会发现电子邮箱地址甚至是以公司常用的“. com”结尾的，而非代表政府机构的“. org”①。

而关于旧金山指导委员会（SFBS），我们已知道管委会虽然在收入上并不依靠旧金山政府，但是在支出上它也没有完全的独立支配权。对于管委会10年以上的预算以及单项超过100万美元的预算，都需要通过SFBS指导委员会的审核。指导委员会内7名成员均是根据城市各地区选举出来的代表。它只能否决管理委员会的预算提案，却并不能削减管委会的预算总额，因为这部分钱的来源并非政府拨款。此外，从港口管理委员会的组织机构划分中大致可以了解一些该组织如何管理码头基础设施的情况的：港口管委会的主要成员包括5名，均是由市长提名并或旧金山指导委员会监督批准后任职的。只有5名主要成员的管理委员会下面却分设了海事部、不动产部、工程设施与维护部、运营部，以及规划与发展部等5个部门。按照人手数目与部门划分情况进行推测，这些部门应该相对灵活，管理权也并不大，这并不像国内政府中的科室中所负责的事务比较细，否则5个人是无法负责这么多部门的所有事项的。实际情况是，码头在运营过程中如果真地出现了具体需要决策的事务时，这5名管理委员会成员并没有完全的决策权，而是需要通过市政法官所主持的听证会得以定案。所定提案具有法律效力，这也是旧金山规划部（SFPD）的主要权责。

因此可以说旧金山规划部（SFPD）对港口土地的使用具有一定的立法权力。涉足地用决策的主要方式是通过制定《旧金山总体规划和实施细则》等规划法规性文件来实现的。但如果规划目标与海洋本身或者产业园区，那么规划

① 信息均查自旧金山港口网站：http：//www. sfport. com/。2014年1月4日登陆。

部将不会涉足过多。在后面具体案例的叙述中，我们可以大致了解到一项议案是怎样通过管委会递交到市政厅及规划部，然后通过听证会变为具有法律效力的文件的。而各利益体进行权力斗争的发生场所常在听证会阶段，因此听证常常耗时多年，甚至有迟迟无法定夺以致被搁置的情况。

海岸设计咨询委员会（WDAC）负责对项目加以审核，以确保其符合旧金山规划部的法规文件。因此规划部需有一名代表在海岸设计咨询委员会占有一席之地。海岸设计咨询文员会审核的内容主要有三个方面：一是对港口资产的发展提案必须符合规划部门的区域地用设计；二是是否有规划部提供的有条件使用许可证（conditional - use permits）；三是建筑物的体量和限高须符合规划部的要求。咨询委员会的主要任务是负责审核规划实施阶段是否能够真正按照《海岸地用规划》以及《海岸设计和可到达设计》等相关规划文件的原本意图进行。对于港口地区的地用实施必须与详规的要求吻合，对需要改变的地用模式则需要进行特批[①]。当然，旧金山港口的地用变更过程历史年代久，参与期间的政府部门不止上述 5 家。在一些问题上，根据议案内容美国海航护卫队、州政府、立法机构等也牵涉其中。

二、地方商业权力精英

在促进旧金山滨海地区地用转变的过程中，最为积极的推动力来自私营公司和企业。当然这些地方商业权力精英也十分狡猾地在政府中找到了他们利益的代言人，甚至自己本身就参与到了相关的政务工作之中。20 世纪 50 年代旧金山市长乔治·克里斯托弗（George Christopher）就被后人评论为大企业利益的鼓手[②]。同时，这些商业团体也因共同的利益驱使而组成了相应的游说组织。其中 BAC 和 BZC 就是这样两个颇具影响力的组织。前者在本质上是大公司的联合体，其主要成员包括美国钢铁、标准石油、美国银行、柏克德（Bechtel）工程公司等西海岸最重要的美国产业企业巨头。BAC 组织成员实力雄厚，使这个组织很快成为加利福尼亚地区最具影响力的商业组织。该组织不光自身有效地

① 信息查自旧金山港口网站：http：//www. sfport. com/。2014 年 1 月 4 日登陆。

② Chaster Hartman，the Transformation of San Francisco，NY：Rowman & Allanheld，1984，P. 9.

推动了60年代旧金山滨海区改造议案的通过，而且还在50年代初期促成了另一商业利益团体的组建——BZC布里斯—择巴赫委员会（Blyth - Zellerbach Committee）。在该委员会的名称中，前半部分布里斯是当时旧金山一位颇具影响力的金融家的名字，委员会名称的后半部分择巴赫是旧金山地区著名公司则巴赫皇冠公司的创始人，该公司主要经营木材及造纸工业。可见BZC布里斯—择巴赫委员会也是个商业精英组织，但这还不是最令人惊讶的。实际上这个组织的成员大多数还兼任海港地区政务委员会的主要成员①。这就意味着，同样的商业精英在旧金山政府的区域发展事务决策层中也同时占据着重要地位，甚至是核心地位。很显然，这些人自身利益的主要目的并不是恢复海港地区的经济繁荣，而是将通过城市更新项目争取对已有的及未来项目的经济利益进行"切蛋糕"式的划分。

BZC布里斯—择巴赫委员会在推动旧金山海港城市改造项目的过程中可谓不遗余力。他们不仅影响市长对重要岗位人选的任免，而且旧金山规划部门及旧金山再发展办公室所雇用的顾问工资也是由这个具有完全商业利益背景的委员会来支付的。布里斯—择巴赫委员会通过委员会闭门会议商讨对策，这招致公众对其缺乏透明性及独立性的质疑。这时，为了防止委员会明显的商业利益背景影响到他们对决策和法规的运作，同时也是为了获得更大的影响决策的自由权，BZC加入了旧有的"旧金山住房和规划协会"，于是原来本具中立色彩的政府行政部门实际上就变成了BZC的一部分。两者合并之后，就成立了旧金山规划和城市更新协会（SPUR），后更名为旧金山城市研究协会。此后，这一协会被旧金山市市长任命为金门项目的顾问机构②。

在这个过程中，由商业精英组成的游说团体，甚至本身就是政府中的政策推动执行者，他们通过旧金山城市研究协会SPUR将港口改造的议案包装成一套看似科学的知识体系，大肆向公众们宣传，旧金山以往的经济格局已经无法支撑，土地是唯一需要再次处理的资源，而用同样的地来做什么，才是大家要

① Chaster Hartman, City for Sale: the Transformation of San Francisco, Berkeley: University of California Press, 2002, P.10.

② Chaster Hartman, City for Sale: the Transformation of San Francisco, Berkeley: University of California Press, 2002, pp.12 - 29.

讨论的核心问题。大公司的利益需要有项目的推进来保障。当然任何的举措还要符合基本的法律和民主社会的基本要求。但在此过程中，牵涉到的利益相关方不仅是大企业的利益，港口改造工程所牵涉的居民、码头工作人员、市场小商户等都有各自的诉求。他们的话语权却被 SPUR 这个“权威”的顾问、研究机构所忽略。从福柯的权力观来看，无论是 BAC、BZC 还是更为广泛的旧金山市政部门，他们在本质上其实都是使商业精英利益得以获得更大优势的合法性部门。旧金山城市研究协会 SPUR 声称是“中立的”，“本着促进旧金山地区发展为目的的”① 组织机构，但其对城市改造项目的论述实际上是被构建出来的一套知识体系，目的也是向人们灌输符合精英群体利益的理论，使决定获得正当性。

上述公司背景的规划咨询机构不仅在政府决策方面起到了重要作用，这些商业精英还是议案资金的最重要来源。20 世纪 50 年代的这次大型城市更新项目中一个重要的关卡是港湾地区原制造市场的搬迁问题。对拆迁该市场的建议需要较大数额的资金帮助。这一资金实际上是由 BAC 和 BZC 帮助解决的。这些参与到城市更新再开发中的组织具备较为特殊的能力，包括税收增量融资和资产吸纳等。参与组织的主要目的实际上已经不是地盘开发本身，而是通过开发项目完成新的金融体系构建。开发项目本身只是金融工具而已。这些具备大公司背景的开发组织机构，在获得资金方面有着得天独厚的优势条件。但同时，他们也必须遵守已经形成的土地再开发原则。这个原则的核心包括两个要点，第一是锁定开发的合法土地范围。第二就是指明该土地原有发展模式的问题以及再开发的必要性②。

三、居民、劳动者等分散的利益相关者

在查阅文献的过程中，政府有关部门的资料可以容易地从官方网站上查得，因此局外人很快地了解了官方部门是如何就海港区的地用变更进行规划与组织

① 旧金山城市研究协会（SPUR）官方网站。查自 http：//www.spur.org/。2014 年 1 月 6 日登陆。

② Chaster Hartman，City for Sale：the Transformation of San Francisco，Berkeley：University of California Press，2002，pp. 12 – 29.

的。大企业就某个地块的竞标文件也相对容易查得，有关部门的政府历史资料、地方档案馆等都有所记录。另外也有学者做过一些有关的论文及专著。报纸等历史性资料中也有所涉猎，但大多从分析海港地用变更的必要性与紧迫性入手，引发公众对拆迁后土地如何使用的讨论。从这些资料来看，所有的话题焦点似乎都有一个假设的前提：即海港区必须要从港口变成其他用途，而要不要变更本身根本不是一个要讨论的问题。而且在全部的拆迁过程中，也基本没有任何混乱局面的报道。但实际上，拆迁无可避免地会触及原著民的生活。例如，各类批发商和小买卖人在这个过程里会被清除出开发区域。他们的声音又在哪里呢？

在美国城市规划行业中，常用的一个方法是“利益相关方分析法”（stake－holder analysis）。即对某项市政规划可能涉及的利益群体一一进行明晰，从而尽可能全面地顾及政策所可能影响到的群体，寻求一个多方均可接受的解决办法。本案查询了旧金山规划部（SFPD）的档案文件，在涉及从20世纪50年代起海港区的地用变更规划文本里，的确存在着将当地居民等列为“利益相关方”，并加以分析①。根据档案，整个港口地区由于长期受海运贸易产业影响，从事相关产业的人员主要以围绕海洋运输和相关产业的服务人员为主，故本身就具备一定的流动性。因此，这个项目本身并没有受到太多“本地人”或本地社区的干扰。在土地权转让上也没有遇到太大的麻烦。除了THD电报公司街区固有居民对开发建设形态颇有微词之外，也没有其他的噪音了。

查斯特在其《被售出的城市：旧金山的蜕变》一书中查阅了当地的《纪事报》（Chronicle）对这些分散的利益相关者在城市地用变更面前的反应进行了归纳描述②。例如50年代在关于海港区的农产品市场（Produce Market）搬迁一事中，受到影响的商户最初实际上是“强烈地”反对拆迁议案的。但是他们很快发现自己人微言轻，相对于大公司与支持企业利益的政府部门来讲，他们是无法逆转农产品市场被迁走的大势的。因此，从自己的利益考虑，这些小商户不

① 旧金山规划部SFPD档案资料，a Report Recommending Designation f Two Redevelopment Areas under the Provisions of the California Redevelopment Act, San Francisco, 1954, iii.

② Chaster Hartman, City for Sale: the Transformation of San Francisco, Berkeley: University of California Press, 2002, pp. 52－87.

得不改变策略，转而争取自己能在新址获得较好的位置和设施。新址在原有的海港区农贸市场有好几英里远的 Islais Creek。但这已不是这些小商户所能干涉的了，他们可以做的就是相互间的竞争，以比自己的同行在新的市场里争取到更好的位置[①]。《纪事报》（Chronicle）的一位作者查理·克里斯顿（Charles A. Christian）写道："这个城市有什么权力把土地拿去卖给纽约来的地产商？"[②]

实际上，某一项市政改造政策所牵涉的"利益相关方"比较繁复，而且各方将被影响到的利益大小也难以得到一个统一、公平的衡量。不得不说，利益相关方分析法有其先进的一面，因为不是所有牵扯到该事件中的个体都有同样的话语权。而该分析法使政策制定参与者不得不考虑到地用变更对方方面面群体的影响。但从另一个角度看，该分析法更多的是在理论层面上，叙述某政策的合理性，并对其进行微调。但在实际过程中，一方面这种利益相关方的分析并不全面，一般只牵涉到直接利益受到影响的群体。例如，农贸市场搬迁一案，文件虽然指出了商户作为利益相关方之一，但是市场搬走后，原址周边的居民实际上生活的便利也会受到较大的影响，但因为并不是直接的利益相关者，所以他们的损失在某种程度上就被忽略了。另外，利益相关方分析只是一种叙述性的文件，其解决办法也只是建议性、补偿性的。最终各个利益相关方在地用变更过程中得到的补偿还是需要各方在听证会阶段进行权力的博弈与讨价还价，因此，追根到底，利益相关方分析法并不能掩盖美国地方政治过程中的各利益方的竞争角逐本质。事件的发展依旧遵循弱肉强食的竞争法则。

本案的主导力量是商业企业方。那些具备大公司背景的各类相关规划实施组织，与新闻媒体一道，将 20 世纪 50 年代的海港区描述为"破旧、衰败、已经淡出历史舞台的，继续整治的"地区，并呼唤"新的发展模式、现代的旧金山海港区"[③]。前者毫无疑问地需要被移除，后者则不证自明的正确美好。在后

① Chaster Hartman, City for Sale: the Transformation of San Francisco, Berkeley: University of California Press, 2002, pp. 52 – 87.

② Charles A. Christian, "Supervisors OK Gateway Plan", SFC, October 10, 1958. 转述自 Chaster Hartman, City for Sale: the Transformation of San Francisco, Berkeley: University of California Press, 2002, pp. 52 – 87.

③ James Benet, "Winning Plan for Gateway is Chosen", SFC, October 6, 1960. 转述自：Jasper Rubin, a Negotiated Landscape, Chicago: University of Chicago Press, 2011, P. 76.

来的地块改造过程中，企业方的主要目标渐渐地从改造或借助海湾旧有工业改造地用，转为重新塑造一个区域。这样，港湾本身的使用就已经完全淡出规划目标了。规划的主要动机已经变成将海边区域化为城市辅助区域，形成以居住小区、商店、酒店等为主的综合服务区。从某种意义上讲，这个过程是城市扩张的结果。在产业角度上讲，港口区域的地用前后是完全断裂的。新地用与旧地用完全不兼容。

第四节　舞台剧的情节：旧金山海港区的改造过程

在近半个世纪的旧金山海港区地用变化过程中，不仅该区域的地上建筑发生了一系列的改变，而且对该区块规划的设计也几易其稿，其背后不仅体现了人们对城市改造的观念争斗，而且各个小的事件背后都有各利益群体在政府各部门之间就具体的政治议程的权力之争，有的甚至还被提上了政党政治选举的主要议案。根据罗宾的研究，里根 1967 ~ 1975 年在加州做州长期间，其对旧金山港口北区规划议案的意见就为其争取了大量的地方选票①。在五花八门的地用规划、商讨及建设事件中，我们的叙述无法做到面面俱到。因此本部分按照时间顺序分别选取了三个对海港区土地使用规划的小事件作为子案例加以阐述，目的是通过这些小的、具有代表性的地用争斗，来管中窥豹式地了解这一时期旧金山海港区改造过程中权力斗争的一些特点与性质。

一、20 世纪五六十年代对现代化的反思

具体来讲，旧金山港口区的这种地用变化是在几十年的时间维度里，各利益群体不断地在城市舞台上提出方案、讨价还价、改变、实行或放弃的过程。20 世纪五六十年代的美国，一方面，美国各大城市还在盲目地追求现代化与经济发展，在这样的背景下世界贸易中心（WTC）、英巴卡迪洛城市（embarca-

---

① Jasper Rubin，a Negotiated Landscape，Chicago：University of Chicago Press，2011，P. 142.

dero city)，以及渔人码头计划等被提交至政治议程的讨论之中。这些计划都试图将港口的土地通过私人投资加以重整建设，但由于计划过于庞大而在十多年的市政议案激烈讨论中最后无疾而终①。另一方面，当时城市规划行业还不成熟，最初的市政规划一般书写得比较宽泛，面临后续有关人员的再修改与再评估，对比而言，70 年代后的美国城市规划文件则开始具有法律效力。实际上旧金山市政厅 1942 年才开始雇佣一名职业的城市规划专家，在城市不断更新的过程与需要下，城市规划部门才被逐渐地建立并完善起来②。这也是上述三项宏大的改造计划最后都没有完全实现的客观条件之一。到了 60 年代末，世界贸易中心计划和英巴卡迪洛计划都因资金问题被搁置，而渔人码头计划则因为牵涉到当地渔民的利益，一时间“愤怒的电话”蜂拥地打至市政厅。在一些认为有利可图的商人支持该计划的同时，涉及捕鱼业及相关产业的那些商人群体们则联合起来反对该计划。地方商业企业的意见分歧很快体现在政府部门中，在市长、议员和法官之间也对该计划出现了严重的意见分歧③。

作为重要的港口城市，旧金山经济的主要来源在 20 世纪 50 年代以前是港口货运和相关贸易收入。随着 50 年代整个港口区在货运量和先关收入上的减少，特别是在美国港口中地位的下降，城市的经济开始出现变化。这种变化主要是经济结构变化。制造业和与库房仓储行为直接相关的产业开始逐渐出现缩减。同时，服务业、金融、保险以及房地产行业在 50～60 年代之间出现勃兴的局面。罗宾在其研究中认为这种现象意味着整个城市的经济形态出现转型，而绝不仅局限于城市中心区域④。与相关的经济情境的变化紧密相连的是，在五六十年代中旧金山港口区出现了建筑物种类的巨大变化。原有工厂、库房类建筑物数量锐减，而同期内办公楼和办公室等相关设施的建设却大增。仅仅在 1946～1961 年，城市管理者就特批了 5 个城市核心区位的类似建设项目。1951～1955 年，批准项目达 11 个。1956～1961 年达 12 个之多。统计数据显示，就

① Jasper Rubin, a Negotiated Landscape, Chicago: University of Chicago Press, 2011, P. 99.

② State of California, Ports of San Francisco Bay, 115, http: //www. ca. gov/。2014 年 1 月 18 日登陆。

③ Jasper Rubin, a Negotiated Landscape, Chicago: University of Chicago Press, 2011, P. 111.

④ Jasper Rubin, a Negotiated Landscape, Chicago: University of Chicago Press, 2011, P. 54.

办公设施而言，仅在1960～1962年的修建量，就占1929～1962年这近半个世纪总量的至少1/5以上[①]。由此，我们基本可以认为，在60年代之后，旧金山单纯依赖传统港口作为经济来源的经济模式已经基本崩溃，且其颓势已经无法挽回，必须寻找新的出路。从这些情况来判断，旧金山在50年代，特别是60年代之后，出现的规划变化，从本质上来说不是自然而然出现的，而是基于大的经济环境所迫。政府管理者在50年代发现城市港口经济出现危机之后，即开始寻求重振码头经济。但是这种重振原有产业的努力最终失败，到了60年代不得不寻求另一条道路：即通过产业转型来使地方经济重新焕发生机。

美国20世纪50年代另一项最重要的经济举措应当是税收的稳定举措。1954年，国会决定对1939年《国内收入法案》进行彻底修订。这次修订最终形成《国内收入法典》。从第二次世界大战之后直到艾森豪威尔上台，美国经济一直处于不稳定状态，赤字和通货膨胀的潜在危险都是经济不稳定因素。这些不稳定因素对港口城市的影响并不大。港口城市的最大危险是港口功能的彻底衰落。但最应当注意的是，旧金山市政部门在60年代义无反顾地选择了脱离生产制造加工和运输的低端行业，转而投入高风险、高回报的金融保险等“办公室”行业[②]。这个转变说明至60年代初期，美国经济秩序的稳定策略可能已经初见成效，可以允许更多的社会空间和建设空间留给非实业。这个背景可能是旧金山市政管理者能最终决定经济转向的最重要的历史背景。这种经济转型的过程是一个突然的变化，从现有的资料看，虽然没有明确的史料说明，但可以肯定的是，在出现新的经济增长点之后，海港的原有产业的生存境遇日渐恶化。对于这种恶化，政府并没有给予任何的遏制或者有效的调控。即，对于海港就产业区域的经济状况，政府给予了明确的绥靖策略。60年代中期之后的主要关注基本都集中在城市核心地区。海港地区已经基本沦为城市经济核心的外延。它的地物变化主要是被动型的，亦即随着城市新经济增长点的发展需求而

① “Inventory of the San Francisco Building & Construction Trades Council Records, 1907 - 1986”，查自 http://www.oac.cdlib.org/findaid/ark:/13030/tf9j49p0gs/。2014年1月17日登陆。

② Rubin称之为“service sector - oriented economy”实际上是不够准确的，应为其中最重要的比重应当是金融和保险业，这二者应当在后续的经济框架中承担了较大的份额与社会经济责任，而其他派生出来的服务行业，应当是最为城市服务行业而派生出来的，城市不转型，随着经济条件的改善，服务行业也依旧会兴隆起来。

变化。其主要功能区开始逐步退出历史舞台，而让位于新的城市服务功能。这个变化的主导者是政府，也应当包括上述核心的规划管理部门。

20 世纪五六十年代的港口改造议案大多试图将地产私有化，但这些议案成功通过并实施的屈指可数。这一方面是因为旧金山城市改造的相关法规进一步在各方的协商与斗争中逐步健全。特别是《港口与航海法案》① 修订案的通过，迫使港口当局不得不与城市规划部门合作，并雇用专业的咨询公司（ADL 公司）对港口地用进行经济分析。另一方面，60 年代末开始，美国各地出现了对盲目追求现代化的反思。在新的思潮下，旧金山的民众们开始意识到城市历史景观与遗迹的重要性，纷纷组织起来，一时间各种反对港口土地私有化、反对在历史码头兴建高楼大厦的草根阶层运动兴起，人们呼吁要避免旧金山“曼哈顿化”，迫使旧金山出台了港口建筑的限高令。人们还组成各种联合会致力于保持旧金山港口公共空间对普通民众的开放性②。作为重要的利益相关方之一，政府部门所起到的作用是协调和引导各类社会群体重新构筑城市空间。市政部门的重要目的之一是维持城市发展和避免经济衰落。在此基础上，政府部门努力推进新兴产业，同时放弃原有的旧产能。而 60 年代应被视为一个重要的新城市规划空间架构的形成阶段。这个规划对后续利益相关方的进入至关重要。其主要的目的是为新型经济体的出现和相关人群的出现进行必要的准备。如同布置一个新的舞台，不仅仅是舞台本身发生着变化，就连剧本、演员、观众也都会随之变化。从这个角度来说，实际上旧金山市政部门更像是一个为了保障剧场收入而不断调整演出计划的剧场经理。如果勉强要论述其利益相关模式的话，这个利益相关模式应当是最为宏观的。

二、20 世纪七十年代的子案例：福特汽车公司 vs. 美国钢铁的建筑设计

即便是海港区域的改造也是分为多个子地块进行地用变更的，而非统一、同时对该区域进行改造。其中第 14 号码头到第 24 号码头在移除了码头设施后，

① 《港口与航海法案修正案》，Harbors and Navigation Code Amendments.

② Jasper Rubin，a Negotiated Landscape，Chicago：University of Chicago Press，2011，pp. 112 – 124.

市政部门有关人员曾建议将其改造为商业办公建筑，因为商业地产可以作为“闹市区的延伸”，与市区的现代建筑保持一致[①]。根据此意向，港口管理部门立即向各大企业征询提案，最后福特汽车公司和美国钢铁的两份提案成为最终角逐的焦点。

福特公司的提案由泛美金字塔[②]的设计者，建筑师威廉·皮埃拉所设计，包含大型购物中心、多家餐馆和汽车经销商等店面。该规划所设计的建筑符合港口建筑的限高要求，转而在海面上搭建向外延伸的平台，以弥补限高所“损失”的建筑空间。但建筑设计并非本书所要讨论的内容，关键需要注意的是，在此提案中，新的建筑的所有权及运营权均归福特公司下属的地产子公司所有[③]。

而美国钢铁的提案则十分狡猾地迎合了港口管理部门的偏好。该设计包括一个购物中心、25 层高的宾馆，以及一个 44 层高的办公大楼。这与福特公司的建筑规划内容本质上并无二致。但其狡猾之处在于，美国钢铁的提案以邮轮码头取代了原先的装卸码头，而新的邮轮码头的运营将归港口管理部门所有[④]。毫无疑问这将给码头管理部门带来利益。因此，在 1970 年的投票中，码头管理委员会以 4 票对 0 票决定支持美国钢铁的规划方案。

除了码头管理委员会支持美国钢铁的规划外，旧金山商会（Chamber of Commerce）以及码头工会也因符合自身的经济利益而支持该议案；相对地，社区维权群体、建筑师、保护主义者，以及市政规划部门的一些工作人员则持反对意见，因为该设计的建筑超过了港口建筑的限高要求，不符合旧金山当时的规划法案（planning code）。然而在利益的驱使下，一方面港口管理委员会极力说服市政规划部门，强调高层建筑可以提供更大的空间，必须保证一定的高度，建筑开发商的投资与收益才能达到平衡，否则项目的建设资金无法得到充分的

---

① Northern Waterfront Plan，Regulation 2.

② 泛美金字塔是旧金山市一座最高的建筑，外形类似金字塔的玻璃写字楼，是超美金融保险公司的总部。

③ William L. Pereira and Associates，Planning Study：Ford Urban Dealership San Francisco，San Francisco，1969.

④ “U. S. Steel proposal for development between the Bay Bridge and the Ferry Building”，San Francisco Chronicle，December 13，1969.

保证；另一方面港口也极为需要一个邮轮码头，而港口管理委员会并没有改造旧有码头所需要的资金。美国钢铁的提案如果获得采纳，正好可以解决这个问题。在相关利益体的游说与运作下，旧金山规划部门的议员们最终在一片公众反对声中，以4：2的投票通过了新的限高要求，这样一来，美国钢铁的规划方案就符合修改后的法规了①。而在此权力的角逐过程中，实际上美国钢铁公司一直藏在幕后，码头管理委员会、旧金山商会等实际上代表了美国钢铁公司的利益。即便是在最激烈的公众游行过程中，抗议示威的人们也都把矛头指向市政官员，而非美国钢铁公司。

虽然到了20世纪80年代在监察委员会和规划委员会的压力下，美国钢铁的规划方案实际上并没有获得实施，但仅就70年代的这场争夺进行分析，第一，14~24号码头地块的地用改造从一开始就被市政部门确定为“商业办公用途”，而后的招标与投票都是在此范围之下进行的。可以说，表面上是公平的选拔，而实际上无论是福特公司还是美国钢铁的建筑设计，赢家都将是商业团体，不同之处仅在于是汽车公司还是钢铁公司分得了最大的蛋糕。第二，两家公司的提案表面上看是建筑规划，本质上是对利益划分的争夺。在福特公司的规划中，“新的建筑的所有权及运营权均归福特公司下属的地产子公司所有”，就基本将投资后的所有利润都划为己有；而美国钢铁公司则相对狡猾，在将最大的一份蛋糕设计为己有之外，还极为“贴心”地分出了一小块蛋糕给码头管理委员会：即修建邮轮码头。这使码头管理委员会这个具有半官方性质的机构沦为美国钢铁公司的利益代言人，极力游说相关政府部门，甚至不惜跨越旧金山的建筑限高法案。第三，工会之所以选择支持美国钢铁的提案，并非因为该设计代表了工人阶层的利益，而是不得不在两个不利议案中，支持相对损失较小的提案。港口的改造及机器自动化必然造成大量蓝领工人失业，这是无法改变的事实。相对于汽车经销店面，美国钢铁规划中的宾馆、购物中心及办公大楼也许能提供为工人提供一些替代性的工作，但是更多的工作机会将会是面向白领阶层的。第四，各种提案的争论焦点本质上是利益之争。建筑的美观、与周边景物的和谐性当然也是考察因素，但有时却转而成为权力斗争的话语，最终捍

① Jasper Rubin, a Negotiated Landscape, Chicago: University of Chicago Press, 2011, pp. 154 - 156.

卫的，仍是谁将通过新的建筑规划获得最大利益，利益的蛋糕又该进行怎样的划分。

三、20 世纪七八十年代的子案例：渔人码头地区改造中的一幕

在旧金山港口改造过程中，最为著名的子案例之一便是渔人码头了。渔人码头在地理范围上北起哥拉德利广场（Ghirardelli Square），南到第 35 号码头。在改造过程中建立的景点包括旧金山海洋国家历史公园、哥拉德利广场和机械博物馆等。还有很多购物中心及饭店等也坐落在第 39 号码头区，并售卖各种海鲜。旧金山渔人码头的改造十分著名，其中一个原因是因为其有效带动了消费，为港口城市的转型提供了有效的尝试，给旧金山码头带来了新的繁华动力。另外，旧金山码头的改造可以称得上是较早进行的后现代式的城市建设，自此之后世界各地类似的滨海城市纷纷加以效仿，其中也包括我国广州番禺洛溪新城等。纵观世界各地的“渔人码头模式改造”，都效仿了旧金山的尝试，即在自然的滨水环境之上建立以娱乐购物、休闲旅游形式为主导的消费环境。

分析 1981 年的《渔人码头行动计划》①，其开篇阐明了该地块的设计目标为：“（1）保留码头海港特色的精髓；（2）突出对旧金山居民及旅游者的吸引力；（3）保护并改善商业渔业活动；（4）鼓励对海德大街码头和 45 号码头的开发项目；（5）尽量减少停车与交通问题。”其中第 1、第 2 条都突出了旧金山海港的地方特色，目的是吸引消费者；第 3 条似乎有关旧金山不断下滑的渔业产业，但仔细阅读就会发现其改善的是“商业”渔业活动，如海鲜餐馆等，而非要振兴渔业捕捞。而第 4、第 5 条则更为明显地将方便消费作为该地块改造所考虑的核心问题。而后参选的五个提案也都设计了各式高档酒店、停车场、商铺、饭馆，以及公共空间。实际上当时港口管理委员会是通过开发商在此地建造酒店与会议中心来获得了改造渔人码头消费景观区的资金。不可否认的是，对码头的这种特色处理的确为地方商业消费带来了新的增长点，改善了码头的

---

① 《渔人码头行动计划》（Fisherman’s Wharf Action Plan）由 ROMA 建筑设计公司与旧金山市政顾问委员会合作提出。该计划起草人包括地区商贸代表以及当地官方机构等，1981 年成为渔人码头城市规划的附加修正本。

自然景观；此外，对比其他区域，开发商往往将沿海地块改造成为商业大楼、高级住宅，因为这样获得的利润更高。大卫·哈维曾批判此种地产开放，认为这样的改造虽然看起来使沿海景观更为漂亮，但这种赏心悦目实际上也是将原本也部分属于底层群体的公共空间私有化了，资本家不仅将房地产，而且连其附带的自然景观都卖给了中上阶层，同时剥夺了下层群体享有该自然景观的权利。而渔人码头的改造并没有将港口空间私有化，因此在这方面也具有积极意义。当然这种对各不同阶层利益的考虑也是有限的，例如，码头传统产业工人也曾一度抵制这种改造，在听证会上指责渔人码头的改造只是“充斥着热狗销售站和宾馆设施”，原先的捕鱼和货船都被迫消失了①。

追溯渔人码头的改造历史，美国在 20 世纪 80 年代，原先的现代性思想在受到各种批判后，美国城市发展与规划领域中不再一味推崇高楼大厦的办公写字楼建筑，转而强调个性特色、文化历史传统以及与周边环境的融合等元素。在旧金山地区，七八十年代出台的新的规划政策、土地使用管理规定以及城市发展要求等比以往都更加侧重旧金山的海港与历史特色。虽然如此，海港区的改造并没有保留或继续发展原有的码头运输行业，而是将其作为一种“符号”元素，添加到新的城市改造中去。因此我们今天看到的渔人码头主要是人们的休闲娱乐场所，其功能已与以往大不相同。贩卖海鲜的所谓渔民、船只、码头雕塑等是标识其历史特色的符号，并没有负担相应的实际工作。而且这种符号标示是选择性的，视为旅游消费服务的，它突出了码头历史上海鲜市场的繁华与热闹，旧金山海港区的港湾特色；而忽略了旧有码头渔民工作条件的恶劣、对码头工人劳动的剥削、资本与全球化在旧有码头衰落过程中所起到的作用，以及在此曾经并正在发生的竞争与利益争夺等。

第五节　舞台剧的结局

旧金山港口在改造前原有地用结构布局包括：北线，从渔人码头（Fisher-

---

① “Lively Hearing on Waterfront,” SFC，1974 年 12 月 11 日。

man's Wharf）到港湾桥（Bay Bridge）。历史上这部分建筑物主要以码头和相关配套建筑为主。现在，该区域的建筑物主要以休闲旅游为主要服务目标。除旅游业之外，渔业是大额收入的来源。娱乐设施中包括一个水乐园及两个广场。就地用模式而言，都属于文化性的地用改造（adaptive reuse）。最北部分即海德大街码头，这个区域现在已经改造成为旧金山海洋国家历史公园，集中了美国最多的旧船，公园往南是旅游业和渔业集中的地区。海德向南到45号码头之间，在历史上是渔业和相关海产品加工业最集中的地区。本区最南部的也是最后一个重要的改造区域就是第39号码头，现在已经改为一个商业区。

北线地区原有最主要的产业是各类商业，如船用杂货贩卖、进出口公司、仓储业、旅馆业等。这些旧有产业基本都与海洋产业的本性密切相关。20世纪50年代，对这一地区地用起到决定性作用的主要是当地行政人员和城市精英阶层。这些人直接决定了北线用地的结构变化。中线地区，主要是从南部海滩（South Beach）到中国盆地（China Basin）。第26号和第28号码头现为仓库。地用改造包括住宅、棒球馆、商业和休闲区域。南线，南线重要的街区包括佛兰西斯大道、伊利诺伊大街、第十八大街等。根据相关文献，至少在19世纪中期这里就已经相当繁华，主要都是港口建筑以及火药、钢铁、麻绳等生产作坊区域①。南线地区是全港口最能融入城市的部分，实际上也是“都市化”倾向最为严重的部分，其现代地物变化也是最大的，基本已经完全脱离了为港口服务的基本作用。这一时期，毫无疑问，城市发展重点已经转向核心区。核心区的发展模式是辐射式的。于是，这里成了“金门再开发项目”（gateway redevelopment project）的重点区域。城市核心区域的金融业、保险业等新兴经济领域造就了大批的白领阶层。这批人的居住、购物以及休闲都需要得到妥善的解决。随之而来的消费行为也将会成为一笔巨额收入的重要来源。这样，就形成了新的经济开发模式，也是联动模式，即新型经济核心区域带动居住休闲区域的开发，随之产生高额的建筑利润与相应的产业收益。1949年出台的《住房法案》（Housing Act）促进了这一空间利用模式的迅速转化。最主要的问题在于，政府借此法案可以较为容易地获得美联邦的经济资助。这时的海湾地区已经变成了

① 旧金山海港区历史档案资料，http：//www.oac.cdlib.org/titles/s.html。2014年1月17日登陆。

一块价值不菲的地产。

应当注意到，旧金山海港地区的地物变化是多元化的。从产业结构调整的角度来说，其主要目标在调整初期是规避港口产业链条衰落的“蝴蝶效应”。但如何才能有效缓解这种海运、海商以及相关服务业的群体衰落呢？根据前述分析，我们发现其主要的方式是将港口地区转变为一个依托于新经济中心的外围区域。这个区域并不拒绝在一定程度上维持传统海港相关海洋产业，如捕鱼业、一定数额的贸易、相关运输以及服务业。但这些在20世纪50～60年代已经逐渐淡出海港主要地用的经济范畴。至80年代前后，海港地区的产业结构已经开始出现更加多元化的趋势，其重要的内容就是文化旅游业务。美国历史上与文化地用①转变与较多的州立法案相关。一般情况下，具有较大文化遗产价值的文化资源应当由国家或州政府进行赎买。最早的园区型旅游资源地用甚至可以追溯到1872年的黄石公园。在城市方面，则历来有较多的文化资源，特别是旧房改造利用的经验。最终旧金山海港地区的改造有三个特点：其一，它并不脱离旧有的海港传统产业特征，并尽量保留一部分作为特色旅游的环境背景；其二，它有意识地将海港作为文化旅游休闲度假的区域，成功地将其的经济依赖性从海洋转向陆地；其三，作为文化资源，它强调保护以及城市记忆的塑造，使其有效地将产业包袱转变为城市历史记忆的文化看点。这些主要表现在其地物参差错落的地用性质关系上。尤尔根·哈贝马斯、博尔特、麦克莱伦、祖京都曾经论述过公共空间的转换过程。这些空间的转变一方面牵扯到地用功能的变化，另一方面也必须强调其服务目标的变化和先关群体的变化。博尔特主要讨论的问题是主题化的问题，亦即将无序错落的空间进行有序地整合，使其以一定的主题形态串联起来，形成新的文化资源格局。用他的话来说，主题化就是简化。麦克莱伦论述的内容是卢浮宫的创造过程。其主要目标是通过分析博物馆在空间组合上的特点以及展品的搜索来源来明确以卢浮宫为代表的这样一类西方公共博物馆空间的形成过程。而祖京则以城市的文化地用为主要分析对

---

① “文化资源”指的是与人类行为相关的人造或自然遗存。它们是“绝无仅有”、“不可再生”（nonrenewable）的，包括遗址、建筑以及一般意义上的人造物（artifacts），它们构成了过去人类社会的“物质实录”（material record）。文化资源管理是利用管理技能来对“史前”和“历史时期”文化遗产的重要部分进行保存；它的主要目的是为了今天和以后的人们保住这些重要的文化资源。

象。其主要分析对象是城市内的旧城区改造。对她来说，旧城区的改造本质是对旧城区房屋用途转变的必然结果。即地用转变带来新型空间格局的生成。上述三类论述的基本特征我们在旧金山市的案例中都可以找到。

第六节　分　析

旧金山海港区的改造常被冠以具有“后现代城市规划设计”的特征。至今对什么是后现代城市并没有一个明确的权威定义。“后 post -”作为一个缀词，表示时间上的“之后”。例如前工业化（pre - industry）、工业化、后工业化（post - industry）的划分。后现代被定义出来的理念基础源于对现代化各种弊端的批判。赫克斯苔布尔形容现代城市建筑“以玻璃与钢筋混凝土的高大建筑风格为特点”，受工业化、机械化的影响，企图通过工作、居住、交通、娱乐等功能秩序来建造人造的新城市，似乎城市是赚钱的手段，而住所则是居住的机器[①]。这种城市观念与思潮在20世纪70年代末受到了批判，因为这种功能化的、千篇一律的现代性忽视了历史与古代建筑，过于乏味，缺少文化、环境与想象力的空间。旧金山城市进入后现代，传统的码头装卸与捕鱼、加工业不再作为城市产业结构中的主导产业，亦不是城市经济增长的主要动力；取而代之的是以信息技术与金融产业为代表的后工业社会。旧金山海港区的改造突出的是丰富性、复杂性与城市活力，但这种突出的性质是“拼贴”与“复制”。如前所述，历史、文化与传统都被符号化，体现在渔人码头的设计规划中。对这种后现代城市的趋势，马克·纪尧姆[②]等学者认为，与历史上工业化城市取代农耕社会一样，后现代也代表了城市发展的一个新时代，在不断地毁灭并重组着我们的城市。

值得注意的是，旧金山滨海区的后现代式地用变更并不是规划的结果。实际上“后现代主义”这个名词是在20世纪80年代才被提出来的，要晚于旧金

① 赫克斯苔布尔（Adalowise Huxtable）. 现代建筑的混乱局面. 王申诂摘译、建筑师，(24).

② 马克·纪尧姆（Marc Cuillaume），法国经济学家。

山海港区地用功能变更的起点时间。真正促使该地区产业结构功能调整的因素是，旧金山码头工业的衰落。在70~90年代，旧金山就业岗位增长数量的90%来自金融、保险、不动产等部门①。与此同时，传统制造业与港口运输量都大幅下滑：1953~1968年的十五年间，旧金山制造业雇佣岗位下降了28%，船舶运输业下降了20%②。从全球范围来看，第二次世界大战后跨国公司发展迅速，到了六七十年代，很多制造业工厂迁移出美国寻找更低成本的制造地。在美国国内，则通过不动产投资、国际金融及信息网络等多种形式获得了更高的投资回报。纽约等世界性城市逐渐转变为跨国公司的指挥、管理中心，而不是制造中心。在这样的经济环境下，包括旧金山在内的很多美国城市的地用变更都向着更宜居，更吸引大公司总部及消费者的方向进行改造。以机械性效率、经济增长、千篇一律与环境恶化为代表的现代性城市观念则受到了批评。从这个角度来看，旧金山滨海区的地用变更过程也是现代国际资本作用于城市革新的结果。

在此大背景下，具体到某一地块或建筑的面貌，旧金山滨海一带地用面貌的变化并不是统一、均衡地进行的，而是在长达至少半个世纪的时间里“一块地一块地”地悄然进行着“易容”，我们暂且称其为“片区易容”。而这种“片区易容”的过程是动态持续的，在过去到将来的任何一个时间点上，城市面貌与功能的改变都不会停止。本案例中这种城市地用变化的特征在美国其他城市中也有十分明显的体现，如穷人区与富人区犬牙交错，金融区不一定挨着绿地，也可能和学校、医院或旅游景点相毗邻。通过旧金山港口一带在城市功能区域的分布变化案例来看，在城市官方确定了地用性质之后（如是工业区还是娱乐区，现代建筑还是后现代处理），各利益体在提交各自建设提案，角逐具体工程实施时，他们对各地方权力体的影响、控制度成为能否获得工程的决定性因素之一。在本案例中，不同社会力量间的互动，他们的权力大小与所采用的策略差异，将会在城市具体建筑的面貌上有所体现。而最终所体现的地用结果是不断摩擦、谈判、角逐与妥协的结果。

---

① 旧金山就业统计数据，转引自 San Francisco Planning Department, Studies in the Econmy of Downtown San Francisco, San Francisco, 1963, P.4.

② 旧金山就业统计数据，转引自 San Francisco Planning Department, Studies in the Econmy of Downtown San Francisco, San Francisco, 1963, P.7.

第五章

对案例的三维分析

本书所选取的三个地用变更的案例在相互关联的同时具有不同的时间和地理背景。通过采用舞台的比喻，我们已经对三个案例中所发生的地用变更过程加以分类与叙述，使原本庞杂宏大的历史过程有了较为清晰的可读性。但即便是这样，舞台比喻的分类叙述之后所进行的分析也还是相当琐碎。在人们提到历史事件的复杂性时，往往想到的是从不同历史角色及群体的角度来看，对当时历史事件的感知与评判各不相同。这种复杂与丰富使历史事件具有多面性。好比从不同的角度观察同一个不规则物体，所看到的二维图像是不同的。

但本书的兴趣并非从“历史事件的多面性”的角度来阐释美国历史上的几个地用变更案例，而是尝试跳出历史事实描述的“二维图像空间”，对前述三个案例进行不同维度上的观察与分析。本章即试图构建一个历史案例分析的三维框架，从三种不同的维度重新审视对这三个案例的历史看法。当然，由于本书所探索的这种分析模型还只是尝试性的，再加上精力及能力所限，对这部分的阐述不得不采取以点概面的方式。唯其希望本书的诸多盲点能引发进一步研究与探索的兴趣。

这三个维度分析的层次关系是：第一，历史细节的维度，即从史实出发，围绕“是什么”的问题进行辨析。“一切历史都是当代史”，对历史进行理解需要人们以当前的现实生活作为参照系。此部分正是从这个维度对三个案例所呈现的城市舞台上的社会互动进行总结对比，按照我们舞台的比喻，即我们看到了这三个剧目中的哪些细节，以及对它们的背景、人物、情节与结局对比所得出的结论。第二，政治权力分析的维度，即穿过纷繁的舞台剧情变化，寻找隐匿在舞台表演之外的社会、政治结构本质。也就是“为什么”剧情如此发展，并有了最后的结局。美国是一个资本主义国家，在其地方的地用变更程序、社会冲突与斗争的政治解决方式，以及司法体系的运作等方面，虽然所述的三个案例所牵涉的制度结构都较为复杂，但无一不受到利益与权力的指挥。第三，资本的时空维度，进一步跳出三个独立的案例，在更为宽泛的时间与空间视域中对历史进行理解。一方面，将案例放入世界资本的历史发展过程之中，三个案例均无法逃脱其所处的资本时代的浪潮影响。如西弗吉尼亚地区从农业经济转向煤矿小镇的过程正是美国工业革命的起步时期；而旧金山滨海区的地用改变时期也是美国的资本主义发展从物质扩张转向金融扩张的时期。另一方面，从更宽泛的地理范围来看，案例所涉及的地用变更虽然均为小地块，但却是在全球资本流动与运行版图中的一个点。其地用的变更是全球资本调整的一部分，既受其影响，又反作用于全球资本的产业布局。

第一节　历史细节维度中的分析

一、无法摆脱自身利益影响的美国工会组织及环保团体

本书所选取的案例，均涉及非政府组织作为重要的角色参与到地方地用变更的政治及社会过程。特别是在案例一中，矿工工会的诞生与发展离不开工业小镇中的各种不公与弊端。而经济来源的性质及缺乏远景理论纲领的状态，使这些非政府组织不得不以保住本组织的生存与利益为重要行为出发点，在现实中权衡利弊，甚至在极端情况下，不惜采取挑拨离间的策略来争取更多会员的支持。在 20 世纪初的矿战时期，早期的美国矿工联合会组织群众、号召罢工甚至发放武器鼓动武力对抗，却在为直接减少工人的困境及痛苦方面所做甚微。总之是没能缓解劳资矛盾，反倒使用“以暴制暴”的方式鼓舞群众，这也是矿工联合会曾被判为非法组织的原因之一。当然美国的各种工会组织在美国历史上的贡献也是巨大的，在大萧条及新政时期，美国工会组织的运动的确为工薪阶层争取到了很多权利。美国蓝领中产阶级的出现、产业工人工资水平的提高，以及新政时期很多福利项目的诞生都离不开工会活动的努力。而到了 20 世纪

末，也就是本书案例二所述的开山采煤时期，则是美国的工会组织走向衰落的历史阶段。在案例二的叙述中，一方面，环保组织的活动较为活跃，这些组织的资金来源严重依赖募捐。因此从这个角度来讲，强调环境对人们的影响，引起强烈的关注对环保组织的生存是最为有利的。另一方面，案例二中美国矿工联合会影响力下降，其中一部分原因是由于其在开山采煤争议中所持的态度。由于其会员面向矿厂工人，而非西弗吉尼亚所有的居民，因此出于会员就业利益的考虑，美国矿工联合会对开山采煤持支持态度。这导致了当地居民与持反对态度的矿工的不满。如果从西弗吉尼亚矿业小镇的个案扩大到整个美国，那么这一时期多数工会组织衰落的更深层次原因是，美国工人依靠工会所争取到的高收入，一方面，20 世纪末大量制造业从美国迁往海外劳动力成本更为低廉的地区，美国产业工人在全球化的产业竞争中丧失了竞争力，产业结构也从原先的制造业逐渐转向金融、服务以及高科技产业，使以产业工人为会员基础的美国工会会员人数大幅下降。另一方面，经过美国工会的努力及新政时期的政策，美国的劳资矛盾有所减轻，这在某种程度上影响了工会组织的存在意义。而与之相关的是，近年来美国制造领域的许多工会转而成为要求在贸易及汇率上压制中国的重要政治力量，这其中也有美国的某些工会组织从保住本组织的生存利益出发，狭隘地采取夸大新矛盾的策略，寻求会员基础的原因。实际上，对中国进行制裁并不能解决美国工人的就业问题。因此说，美国工会、环保团体等非政府组织由于其经济来源的性质及缺乏远景理论纲领的状态，常无法摆脱自身生存利益的狭隘影响。

二、种族矛盾的背后往往是利益问题

案例一中曾涉及西弗吉尼亚工业小镇飞速崛起的事实带动了当地人口数量的迅速增长，以及人口构成的急剧变化。这其中有三个重要的事实。第一个时间节点是 1870 ~ 1900 年的三十年间，西弗吉尼亚矿业小镇中的外来矿工比例迅速增长，甚至后来超过了本地矿工的人数。但是回顾当时的地方报纸，并没有对这种大量外来移民涌入的过多担忧的报道。这其中的原因很可能是涌入的人口解决了当地劳动力短缺的困难，特别是没有严重威胁到当地人口的就业利益。

当时不仅南北战争刚刚结束，解放了的大量黑奴寻找新的雇佣机会；而且追溯美国移民史，1850～1913 年正是美国的大移民时期，很多贫穷的欧洲人为追求财富大量涌入北美大陆。崛起中的西弗吉尼亚工业小镇迅速吸纳了这些外来劳动力。而这些新移民是在矿厂与本地矿工一同工作了一段时间后，矛盾才逐渐显现出来的。这就是第二个重要事实，即当时开始出现种族矛盾的焦点是工人们对已有工作机会及提高待遇的竞争。因此笔者认为源于历史的种族偏见并不是 20 世纪初矿业小镇种族隔离现象及歧视的唯一主导因素，更为直接的原因应该是矿工们对各自利益的竞争矛盾，也就是说，种族矛盾产生的主要根源之一依旧是利益。第三个时间节点是 1912～1921 年的十年间，西弗吉尼亚矿业小镇中的种族冲突愈演愈烈，并走向暴力流血事件。这其中的根本矛盾在于，原有的白人矿工组织起来抗议矿厂对劳动力的剥削与控制，举行罢工要求提高工资待遇及各种人身权利；而矿厂并不同意他们的诉求，而是通过雇佣更多要价较低的黑人来弥补罢工所造成的劳动力损失。虽然新被雇佣的黑人并不完全清楚这种状况，而且很多是被骗到此地来做收入微薄又极为辛苦的采矿工作的，但这在白人罢工者看来，黑人抢夺了他们的饭碗，触犯了他们的利益。可见这十年间的种族冲突根源依旧与利益之争相关。

三、自由、正义与被理想化的历史

人们常常把自由与正义当作一个几乎固定不变的概念加以理解。而实际上正义是一个充满感情色彩的词汇，对什么是正义的界定受到群体立场的强烈影响。而美国自由的内涵则一直受到不同历史阶段的政治、社会及经济的影响，被加以不同的解释与侧重，同时也充满了辩论、分歧和斗争。这一观点在美国历史学家埃里克·方纳的著作中被详细加以论述。美国的政治体制曾在某些情况下被描述为自由与正义的代名词，但本书所涉及的三个案例均对自由与正义这两个概念的复杂性与辩证性有所体现。在案例一中，镀金时代的美国对自由与正义的主流观点是与新兴的工业体系紧密相连的。一方面矿业小镇的兴起为解放了的黑人、新移民及妇女提供了经济机会；而另一方面投机致富似乎也被包装为自由与正义的一部分，很多被美化为“白手起家”的资本家实际上是通过当时并不完善的经济法规，钻法律空子，以剥削工人、贿赂官员等方式成为发家致富的矿厂主的。“最好的政治经济体系是能够将财富总量最大化的制度”，而财富的分配与分布并不是“正义”概念的重点。煤矿小镇中由采矿公司所提供的住房、商业消费等生活必需品，使矿厂对工人的影响力几乎无处不在。在这种情况下，“正义”在本质上是由矿厂所主持的，对“自由”与“正义”的阐释都受到了操控。在案例中，工会的活动被解释为破坏了经济自由，并被法庭判为非法组织；工人的斗争被解释为暴乱，因此矿厂雇佣武装打手是正当的，甚至当斗争最为激烈时，县政府向国家军队申请调动了千余名军人来平息暴动。而在案例三中，对旧金山中心码头历史展板内容的分析则体现了被理想化了的、被建构了的旧金山历史。历史是复杂的，从不同的角度与角色立场来看，从不同的维度进行分析，所得到的结论并不统一。英国历史学家汤因比的名言“一切历史都是现代史”，表达了这种人们对历史，以及自由、正义等理念的阐释与利用。

四、地用变更的相关议题争论具有两分化的特点

如前所述，历史和社会都是复杂的，但观察美国的社会议题与争论，往往简化为是非、正误之争。本来具有多种可能性的多彩世界，一旦成为社会争论或政治议题的焦点，就会转为二分法的黑白世界。例如，案例一潘特溪大罢工的焦点是雇佣工资之争，一方是矿工要求提高待遇，另一方是煤厂通过雇佣更多外来移民来保持低工资。通过案例发现，煤厂似乎认为保持利润的方式只有维持低工资，而没有寻找其他方向的解决方式。案例二对开山采煤争论的焦点是经济发展与环境保护。分析两个集团在随后的法律、舆论的争论论点，似乎煤炭经济与环境保护一定是对立的，非此即彼。而并没有就开山采煤与环境保护间的平衡系数进行相关的研究。也就是说，舆论并没有将寻找就业率、环境恶化与开山采煤间的中间点作为讨论的焦点。案例三旧金山海港区改造案例所选取的几个叙述片段也都有明显的两分化特点，如现代发展 vs. 后现代批判、福特公司的规划 vs. 美国钢铁的建筑设计、商业开发 vs. 历史传统等。不仅如此，在美国的政党选举、法庭辩论、外交关系甚至是电影故事中，也都充斥着

类似非友即敌的语言表现。

第二节 政治权力维度中的分析

从权力的维度进行分析，土地作为一种资源，必然涉及对其进行使用和分配的问题。本书的三个案例均围绕对地方某特定地块的使用进行了激烈的争夺，展现了各自情境下的权力斗争的舞台。土地用途的划分与改变正是不同群体权力运作过程的内在组成部分，而且对于地用变更的产生、对抗、维持和改变，权力都至关重要。下面分别从几个方面对三个案例进行分析：

一、作为资源的土地及其背后所体现的社会权力分配

案例一中西弗吉尼亚地区的农业土地在工业化的浪潮下，逐渐从分散的小农户手中，集中的少数矿业资本手中。这一过程折射出当时该地区分配资源的方式基本完全依靠市场。在这种情境下，工商企业的利益主导了当地的政治活动，也就是说，20 世纪初的西弗吉尼亚地区的地方政治模式是自由放任式的。而土地产权从农户向少数资本手中集中的变更过程则标志着当时西弗吉尼亚地区的社会政治权力正从分散的自主农户向少数精英资本集中。案例二跨越到 20 世纪末，在围绕开山采煤的争夺过程中，一方面是矿厂作为土地所有者，对其中的矿产资源进行开采，以及以何种方式进行开采的权力，另一方则是当地居民努力保护所生活的自然环境的权力（实际上环境因素背后也隐藏着经济利益的权力考量，即环境恶化导致了当地居民房产的贬值）。这两种利益在权力角逐的舞台上碰撞、斗争、博弈、磨合，在某时间点上达到一个处于运动变化状态的平衡点：继续开山采煤，但限制其规模及对环境的破坏程度。这个平衡点是与斗争双方的权力力量对比，以及各方的意愿和迫切性息息相关的。案例三旧金山海港区的土地性质与前两个案例有所不同的是，码头区一直属于公共地块。对公共地块的使用分配更多地牵涉到政府官方机构。政府部门在这个过程中似乎扮演了舞台组织者的作用，但通过案例叙述，我们发现政府部门无法平均地

考虑各利益相关方的诉求，而是受到不同利益体对政府部门所施加的影响，各利益体所拥有的权力间的相对大小一直左右着政府的态度，从本质上说，这遵循的是一种竞争的理念和价值观。此外，城市的布局也体现着权力的分布。中世纪的欧洲，教堂曾经是城市中心最引人注目的建筑，体现着当时出于支配地位的宗教权力。而旧金山作为典型的新兴资本主义城市，商务区处于城市的核心位置，对与之相毗邻的海港区的规划议案中，也反复将如何方便商业活动作为讨论的核心问题。因此可以说，作为公共区域的旧金山港口区的地貌变化（包括建筑的定位、外貌、位置和规模等），传达的并不仅仅是政府的财政状况或城市经济力量，还体现出其中的权力关系的斗争和结果。

二、不同群体所掌握的权力资源及其来源

对三个案例的叙述均以舞台的比喻展开，在地用改造博弈过程中的相关参与群体的身份基本可以划分为公众、商业群体，以及政府及官方部门等。总的来说，公众的特点是较为分散，必须通过集体行动才能获得一些权力资源，从而对地用变更事件产生一定的影响力。而在组织类似的意愿表达过程中，事件本身给居民带来的困扰与顾虑程度固然是重要的动力源泉，但是具备有时间、有精力、有能力的人来发起并组织，也是必要条件之一。三个案例中的草根运动都是由少数人发起的，且一部分核心成员承担了大部分组织工作，其他数目庞大的参与者则主要是响应号召采取行动。案例一中草根阶层运动的核心指挥是美国矿工联合会，琼斯夫人等工会核心成员是较为活跃的组织者与号召者。广大罢工矿工则作为参与者以示威、罢工、暴力斗争等形式来表达不满。案例二对开山采煤的反对则是围绕俄亥俄山谷环保联盟、西弗吉尼亚高地保护组织、矿区山河守护组织等环保组织展开的。这些组织的发起人及核心人员也是少数个体，甚至仅仅是几个人注册了某个网站，表达的顾虑与观点随后吸引了广大居民加入并响应号召。这些加入的居民起到了“扩音器”的作用，使声音得以聚拢，话语权得到增强。案例三则从反方向说明了，旧金山滨海区农贸市场拆迁过程中，缺乏核心组织者的小商户与居民群体只能分散地表达顾虑，因而力量得不到聚拢，话语权受到影响，他们的损失在某种程度上就会被忽略。

工商企业，特别是大型的商业群体的权力来自金钱，即为市政部门提供的税收等收入，以及为居民提供的就业岗位。可以说，企业的利益不仅深深扎根于美国的政治、经济制度之中，而且也在意识形态等文化领域获得了正当性。在案例一描述的20世纪初的矿业小镇中，相当一部分政府雇员的工资是由矿厂支付的，这样掌握着庞大资金的矿厂不仅与政府官员相勾结而且法院也名正言顺地偏袒矿厂的利益。而在意识形态上，古典经济学的盛行也为那个时代的矿厂企业获得了较大的自主权。案例二和案例三的时间均为20世纪后半叶，只是事件发生的地点和背景有所不同。这两个案例中的大企业方并没有直接、明显地卷入政府的决策中去，而是由特定的党派或个人来作为“代言人”。纵观美国最近一个多世纪的大企业与政府政策之间的关系，可以发现企业的参与非常隐蔽，并伪装成为一种“全体利益”。例如，案例二将矿厂开山采煤所获利益等同于本地就业率的“全体利益”；案例三开发商将港口地用变为商业地产所获的利益等同于重振海港区，为市民提供消费娱乐新去处的“全体利益”。也就是说，大企业的权力可以将自己的利益与全体利益捆绑在一起，从而不仅左右了，而且还主导了美国城市中的地用变更过程。

工商企业游说政府部门，政府官员也面临着竞选的压力，所以也需要权衡公众的压力。虽然政府对各社会力量的权衡与偏向随着具体的历史时期，以及当地的经济、社会状况有所不同，但从美国的地方政治体制上来推测，政府的行动和政策大致反映了不同利益群体间的竞争结果，一般来讲，无论从过程程序上还是角逐的结果上，大企业一方都会获得更多的利益考虑。案例一中阿帕拉契亚矿业小镇的地方政府基本已被大企业所裹挟；而在案例二和案例三里，对比公众与工商企业所掌握的权力资源，可以明显地看到两者间力量的悬殊。

三、对权力资源的使用方式

公众、企业和政府三类群体各自所掌握的权力资源及其来源，决定了他们不同的使用权力的方式。公众的权力来源于选票，但他们必须尽快并集中地将分散的意愿传达给政府部门的有关人员。于是游行、示威等集体行动就在所难免。这里需要注意的是，公众的意见并不是平衡的。富裕而有权势的家庭更有影响局势所需要的能力和权力。而那些边缘化了的群体如果不能搭上其他群体的“顺风车”（即利益与其他有权势的群体利益恰巧一致或相似）的话，往往会铤而走险地走向暴力抗争。案例一中的矿工就属于这一类处于极度弱势的草根群体，在诉求得不到满足的情况下，采取罢工、示威，甚至暴乱的方式向工商企业与政府施压；案例二开山采煤的争议事件中，相对于底层矿工的就业问题，小镇的富裕居民对空气、水等环境问题，以及自身房产的贬值风险较为重要，他们通过网络、非政府组织以及对法官、科研团体、政府要员的游说和影响，来使用自己的权力资源；案例三的公众缺乏强有力的组织者，因而其群体权力的发挥受到了较大影响。

大企业的权力来源广泛，有提供政府税收和保障就业机会等金钱来源，也有制度性的偏向、对意识形态的引导等文化来源。这些权力来源时时刻刻保卫着工商企业的利益。而这部分群体的利益是：降低成本、增加利润，以及抢占市场份额等。案例一的矿厂主通过收买政府官员、左右司法系统、开除矿工，甚至禁止矿工住房、购买日用品等多种方式使用其所掌握的权力来获得利益；案例二矿厂方向地方及联邦政府施加影响和游说，利用媒体进行自身正当性的宣传，出资进行数据采集等科研活动，甚至向学校提供宣传煤矿开采重要性的课程；案例三中大企业方作为一个整体，首先通过经济学家、媒体，以及政府部门的宣传，在民众的意识领域，确立了旧金山海港区改造的必要性。而在具体的改造过程中，不同的大企业又各自采取游说、寻找政府代言人、聘请有背景的设计师等自身权力施展的方式，来在政府政策制定的过程中相互竞争角逐。

政府的权力行使特征在本质上与公众和企业方是完全不同的，因为它还担负着管理、裁决与调解的职能。在本书“权力角逐的舞台”比喻中，政府相当于为相互竞争的利益集团提供竞技舞台。但是舞台的比喻又有偏颇之处，因为舞台只是场所，是没有偏好的。而在现实中，美国地方政府并非公平地提供了一个竞技平台，而是活跃地参与到利益角逐的互动中。政府的税收与资金支持来自地方企业，特别是政府官员的竞选资金需要大企业家的资助与支持。政府的权力来源于对公共产品的分配使用，而在不同地区、历史时期下，地方政府的权力有所差别。案例一、案例二中阿帕拉契亚矿业小镇的地方政府权力相对比较分散；案例三旧金山地区的市政部门属于美国地方政府中“强市长”的一类，具有相对独立的自主权。

四 、权力角逐的舞台？

本书第一章提出将城市地用变更过程中的斗争与合作比作权力角逐的舞台。事件发生的经济、社会与历史条件相当于舞台布景，社会思潮被比作舞台音乐，各相关利益方及行动参与者则按照舞台人物的顺序加以描述和分析，斗争的过程是舞台剧的情节，本书的读者是剧场中的观众，甚至我们想到了“隐匿的后台”，力图通过三个案例揭示出在城市地用变更的表象背后，是不同利益群体所拥有权力的角逐，“舞台剧”的结局在很大程度上取决于这些“演员”间各自拥有权力的相对大小。三个案例也在不同程度上证实了这种比喻。

例如，在案例一中，潘特溪大罢工的结果很大程度上取决于矿工群体、工会、矿厂和政治当权者所拥有的权力之间的相对大小。矿厂拥有实际的财富和权力，又与政治当权者有着千丝万缕的关系，所以最有可能取得成功；矿工群体虽然掌握的权力和资源有限，但其武力抗争是政府当权者所不愿意看到的。因此，虽然政府更多地代表了大企业的利益，但政府也不可能完全不理会公众压力。最后这种社会动荡的压力使政府终于出台协议，敦促矿厂做出一定让步。因此结局是矿工群体获得了微小的安抚，但整个矿厂的运营体系、其权力范围都没有受到任何触动。特别是随后法庭的审理极大挫败了 UMWA 工会的力量，可以算得上是矿厂一方获得的最大胜利。案例三则侧重表现了权力在公众群体内部的不平衡性：一方面公众的组织需要一个“内核”，即有能力的组织者。因此意见的表达是以这部分核心成员为主，多数人加以响应的；另一方面富裕和有权势的居民所掌握的话语权与行动权高于贫困的底层群体。案例三的侧重点转向了大企业群体间的权力角逐。更财大气粗、更能有效利用自身权力的企业，最终赢得了地块改造的主导权。如果回到第一章关于美国地方政治权力斗争的“精英”还是“多元”模式的争论上来，在三个案例中，少数精英掌握地方大部分资源与权力是事实也是结果，但同时，在他们的相互角逐过程中，也呈现出多元竞争与博弈的形态。

而从福柯权力分析的方向来看，无论是阿帕拉契亚矿业小镇的运作模式，还是人们解决开山采煤问题所通过的司法程序，抑或是旧金山海港区地用变更过程中，复杂的规划、决策规则，都可以被归为“规训性权力”。通过上述社会模式、政治制度，以及教育、文化和价值观的塑造，人们被极为隐蔽地控制利用了。这套“该怎么做”“这样是公平公正的”知识结构在本质上是有偏好性的，它“体制性地眷顾”了大企业及富人群体，使他们处于“舞台角逐”中的有利位置，拥有更大的权力并更容易获得自身利益。再者，这套体制和知识结构在很大程度上是被建构起来的，例如，案例一中古典经济学中所颂扬的自由经济与整体财富最大化，以及并不公正的法庭判决；案例二中矿厂对采矿业对地方贡献的教育宣传，以及出资进行的“开山采煤对环境数据影响有限”的科学研究；案例三中对旧金山海港区地用变更看似公平竞赛的政府决策过程，以及对拆迁和改变地用必要性的论述和普及。总的来说，是权力关系作用于现代知识，围绕地用空间的改造，在美国资本主义制度框架内进行彼此间并不公平的互动与运作。因此，地用变更的角逐过程并非在一般意义的舞台上发生的，而是具有强烈倾向性，并在制度与游戏规则层面充斥着并不均匀的权力力量场。

第三节　资本时空维度中的分析

一、围绕资本、利润、投资的不平衡竞技

综合三个地用变更斗争的案例，从地方层面上分析，地方地用变更的过程也是不同力量间权力与资本角逐的过程。影响结果的决定性变量取决于不同群体力量间的相互作用。在竞技过程中，群体所掌握权力与资源的大小、对地用结果的意愿强度、他们的斗争策略，甚至在互动角逐中发生的一些偶然事件，都会影响到地方空间面貌的变化。因而我们所看到的城市、建筑与人文景观正是一个地区权力角逐规则、过程及结果的物质表现。通过舞台剧比喻的描述，本书对三个美国地方地用变更的权力角逐过程进行了较为有序的观察。通过案

例的叙述发现，这种角逐不光是以资本、利润及投资为中心的竞争，而且其相应的市政、法律规则也对商业群体有明显的偏好。例如，商业群体的特别利益往往被粉饰为共同利益和普遍诉求，掩盖了其他群体的可能诉求。

特别是案例三对旧金山海港区改造的多处文本分析均说明了，新的城市形象在某种意义上是被有偏好地构建出来的。例如，无论是历史展板还是渔人码头区域，都"具有选择性地"向人们展示了消费、娱乐和休闲的气氛，这种改造被市政部门美誉为"a place for all"，强调港口的土地依旧是公用用地，似乎保全了全市居民的利益。但分析其过程，就会发现旧金山海港区地用改造过程本身，就是不同利益群体间权力角逐并再分配的，并不平均的结果。改造项目享有大量公共补贴，在很多时候，公共部门和私人企业之间是共生互利的关系。从案例中可以看到，一些投标公司在与码头管理委员会等权力机关达成的协议中，包含着某些好处或受益贡献，而这种规划设计是合法的。与此同时，政府的财政支出则被巧妙地、理所应当地重点放在吸引投资方面，而非社会再分配。类似港口区原有低收入群体的生计问题、码头装卸业过剩的产业工人就业机会减少的问题、对穷人应给与的政策偏向，以及廉价公房的拆除等问题，都被边缘化，并被排挤出市政部门的焦点议题之外。围绕着投资、利润、资本，城市的其他功能及服务理念都被置于争论之外。

二、在更长的历史时间中的分析

第一章分析框架中曾以马克思学派的理论对美国城市的变迁史进行了分析。首先，灵活性是资本的重要特征之一，它总是从成本高的地方流向成本低、利润高的生产行业及地点。乔万尼·阿瑞基则进一步分析认为，资本的流动性与扩张性促使了资本主义生产关系在地理空间上的不断扩张，并将资本主义在世界范围内的发展历史划分为几个体系积累周期，包括热那亚体系周期、荷兰体系周期、英国体系周期和美国体系周期等。随着资本积累中心的转移，资本积累的空间范围也进一步得到扩张。而在各个积累周期中，又都存在着物质扩张与金融扩张两个阶段。具体到美国城市的变迁也是资本在地理空间上不断积累、扩张的一部分。

就本书的三个具体案例来说，案例一描述了西弗吉尼亚地区从农业镇到工业镇的地物变化过程。直至19世纪中叶，西弗吉尼亚南部地区还是以传统的小自耕农业为主的地区。该地区矿业小镇随后是在美国工业革命的浪潮中崛起的。当时在利润的引力下，美国的制造业、工业吸纳了大量投资并迅速发展。而工厂机车的普及导致对能源的巨大需求，这种市场需求是阿帕拉契亚山区地用变更的时代背景。也就是说，资本扩张与利润积累作为强大的决定性动力，为富产煤矿、木材的阿帕拉契亚山区带来矿产业的兴起与现代化变革。按照资本积累的周期性框架来分析，处于美国体系周期的物质扩张阶段，货币资本使越来越多的商品运转起来。案例二则发生在20世纪70～90年代。矿业小镇居民对开山采煤作业的批判、反思、抵制，和一个世纪前对现代化的期盼、热忱形成了鲜明对比。美国体系周期的资本积累已处于金融扩张阶段，随着金融产业取代了制造产业的支柱性地位，与之相伴随的是西弗吉尼亚采矿业的萎缩。

前述时代背景与案例三所述的地用变更过程十分接近。旧金山最初的崛起和繁荣本来是建立淘金热、制造业和码头运输业的基础之上的。而在20世纪后半叶，美国制造业受低成本的吸引，向全球发展中国家的转移，使城市之间对投资的竞争越来越激烈。旧金山等美国城市亟须找到自己新的市场定位，确立新的经济增长基础。城市间的这种竞争使很多美国的工业化城市试图重新“重建”本地的形象，从陈旧、污染的工业化城市转为崭新、消费、环保、休闲的城市。从这个层面上来看，无论是码头历史景区的展板、陈列的历史船只，还是颇具港口风情的渔人码头及加州海狮，都有着推销城市形象的作用，美丽的风景成为广告作品被商品化了。总的来说，这一时期美国城市产业空洞化的现实，让包括旧金山在内的很多城市处于彼此竞争的境地，纷纷塑造新的形象来改变旧有的辛苦劳作和污染的工业化形象。旧金山码头区正是在这样的背景下才被改造为休闲区和历史遗址景观展示区，以便塑造其清洁、消费和娱乐的海港形象的。这种土地用途的转变不仅存在文化层面上的象征意义，而且也具有强大的金融动机。而海港区的地用变更则像舞台剧本一样，记载着这个过程中不同权力及价值观角逐、运作的过程。

三、在更宽泛的地理空间中的分析

跳出旧金山本地，20 世纪末资本冲破了国家疆界，跨国生产、国际贸易，以及世界金融体系在全球扩散。这一过程也被称作“全球化”，其本质是资本主义市场经济在全球的蔓延。在最后一个案例中，福特汽车公司、美国钢铁、泛美公司等均为跨国公司，他们的巨大力量已成为旧金山地方权力角逐的重要参与者。虽然这些跨国公司似乎依然具有一些国籍属性，但是追逐利润才是跨国公司的首要目标。与以往企业不同的是，全球化时代的跨国公司，生产和服务系统已经遍布世界，并为追逐利润最大化，将各个子公司按照不同国家的竞争优势进行配置，在全球范围内进行生产分工，即“以世界为工厂，以各国为车间”的，具有等级性的全球生产体系。这样的体系在某种程度上淡化了跨国公司的国家属性，并转移了一部分民族国家的权力资源。因为“人们对经济利益的需求比以往任何时候都更加迫切，经济力量作为权力资源具有了独立性和主导性”①。

在世界经济体系中的位置成为国家的一种权力资源背后的逻辑是，资本是一个国家经济发展的基础。而第三世界国家在融入世界经济体系的过程中，往往面临资本短缺的状况，需要争取国外的资本投资。因此民族国家对跨国公司具有一定的依赖。而对跨国公司来讲，虽然也需要依靠第三世界国家的生产，但需要投资的国家很多，这些国家间存在着劳务、环境等方面更低成本的激烈竞争。更何况跨国公司还主导着国际经济、法律制度的游戏规则。类似评级体系的各种国际组织，如国际货币基金组织、世界贸易组织等，通过制定各种知识产权标准、生产标准、环境标准等衡量指标，保卫着大型跨国公司在世界生产销售体系中的权力和权威。

也就是说，全球化时代的今天，跨国生产体系在地理空间上使地球“变小了”，各个国家、经济体在紧密相连、相互依赖的同时，跨国公司的生产运营也使一些国家的经济结构成为跨国公司生产体系中的某个循规蹈矩的部件。而跨国公司则成为一支重要的权力体，决定着全球化生产过程中由谁生产，如何生

---

① 辛平．跨国关系与国家大战略．教学与研究，2005（9）：68.

产。而国家与国籍使工人阶级在地理上被进一步隔绝、分散化，并在相互间产生了激烈的竞争与敌视。而从给一个角度来看，一个国家在世界生产链条中所处的位置也成为重要的权力来源之一。那么在世界生产、金融体系食物链顶端的美国，跨国公司的权力挟持了政府。在国家层面，美国政府中充斥着跨国企业利益的代表，在地方层面，旧金山港口区改造过程中到处都有跨国公司行使权力的影子。

结　论

本书拟通过对美国三处具体的地用演化的分析，来窥探美国地用资源变更过程中的逻辑和本质。而为了厘清案例中各地用功能改变现象的背后，具体的动机、过程和动力，探索美国城市面貌变化是否存在某些逻辑，本书首先采用舞台比喻的方式，将纷繁复杂的地用变更社会场景加以简化叙述，采用该比喻的手法是在对复杂历史时间可叙述的同时，也照顾到案例叙述的全面性和客观性。当然，舞台比喻只是案例叙述的方式方法，本书更为关注的是“隐匿的后台”，即地用变更角逐背后的规律与力量。

为此，本书对“权力的概念”在政治学、社会学、哲学等多学科中进行了综合回顾，指出对权力的阐释除了日常从“支配—压制”机制的角度进行的理解，权力从社会生产工具的角度来看，更像是张网络，其间不同个体及群体间以一定的规则进行互动，具有规训性与合作性。即福柯的“权力关系”：在差异的基础上对资源进行整合，并使各方最终达到认同，从而形成某种秩序。而现代社会正是通过这种制度化、规范化的管理方式，对人们祈祷了支配和控制的作用。具体到美国地用变更的组织过程，无论是美国土地的私有制、对地用变更的角逐机制，还是各社会群体如何组织起来，并运用“知识”的外衣和武器来掩盖、捍卫本群体的利益诉求等，实际上都是通过“应该怎么做”的方式和制度，掩盖了背后的权力争夺与利益交换的过程，给人以公平公正的假象。而美国地用变更的争夺本质，总是围绕着谁掌握权力、掌握什么样的权力、各权力体如何运行与互动，从而对利益、权力的分配进行角逐而进行着的。而对本书三个案例的分析表明，在对不同地用变更的角逐过程中，掌握资本的群体在“制度”与所谓“公正竞争”的外衣下，获得了更大的优势，更有可能在地用利益、权力的角逐中获胜。而他们的这种优势，被美国的土地制度、法律程序正当化、合法化了。

而谈到“公正”，则是一个充满了感情色彩的词汇。对“公正”的观念来源于社会，因此必须将其放到具体的社会背景中去理解。具体而言，没有社会观念的参照系，是无法将公正加以抽象地准确定位的。在本书的三个案例中，对地用变更的竞争方式在美国主流观念中是公正的。而这种公正实际上是一种“正当性”，离不开其所处的美国社会背景。在这里，公正意味着竞争，而竞争则意味着优胜劣汰，也就是说掌握更多权力与资源的群体更有优势进一步在竞争中获胜。这个时候，对弱势群体更为有利的“平等”观念，在某种程度上被竞争原则排挤出美国“公正”的首要要义。

在前述分析背景下，本书选取的三个案例各有侧重，但都对我国当前城市化进程中的状态有所关联。案例一是农业地区向工业小镇转型的案例，矛盾的焦点是劳资纠纷；案例二则涉及矿业开采所带来的环境矛盾；案例三重点展示了原先以港口运输、加工业为支柱产业的城市，进行产业转型，成为休闲、金融城市过程中的几个片断。通过分析可见，在工业化及城市发展的过程中，两国或曾经、或正在面对的问题颇有相似之处；但美国的政治、社会规则与我国并不相同。其中重要的一点就是土地所有制。在这方面，结合理论部分的分析，本书认为美国的土地私有制本质上是一套游戏规则。一方面任何社会游戏规则都围绕着各参与群体该如何角逐权力与资源的这一中心问题，因此谈美国的土地所有制及地用变更规则应围绕这套制度下权力的走向与运行方式这一问题展开。因篇幅与侧重点的考虑，本书并未将这一复杂问题展开，但这不失为今后进一步研究的方向。另一方面，这套游戏规则生长于美国经济、文化的土壤之中，与美国主流社会崇尚自由竞争的精神密不可分。正是社会大部分群体对“公正”的观念更为偏向于“竞争”，而非“平均”，使土地私有制在美国获得认同的同时，与之相伴的这套“游戏规则”能较为平稳、持续地运行。

而在资本分析的维度，本书在理论部分回顾了马克思的价值规律公式。首先，如果将城市建筑空间看作是资本生产的某种物质产品的话，那么就可以用M－C－M′的资本逻辑来解释地用变更过程。土地此时不仅是自然物质，而且带有强烈的社会属性，其本身作为一种资源，成为资本争夺的对象。而阿瑞吉等人则将马克思M－C－M′价值规律公式应用到历史资本主义扩张规律中，并提出了资本扩张的体系周期和生产扩张—金融扩张阶段的理论。通过三个案例的陈述与分析后，本书在第五章，资本时空维度的分析中对三个案例所处时代的资本扩张背景加以明晰。三个案例所涉及地块看似规模较小，并处于美国地方层次，但在更长的资本主义历史发展过程中，却都受到资本体系周期发展的强烈引力作用。正是资本在全球扩张的强大力量与规律，如季节的变换般带来了案例一中工业小镇如雨后春笋般地出现；使案例二中环保的重要性在那个时代得以提升；而案例三旧金山支柱产业的转型，本书认为实际上并不是地方政策的结果，而相反，地方土地用途的改变恰恰是在美国资本主义从生产扩张转向金融扩张之后，发生了制造业产业向全球外移的过程之后才催生的。

而这又涉及大卫·哈维的研究成果。资本之所以在如此规模上全球化，是因为劳动与资本在流动性上的差异。作为劳动力的人口不能随意在不同国家间移动，而是被牢牢固定在特定的地理空间内，从事生产线上的固定工作；而资本则是哪里成本低，利润高，投资就会流向哪里。这样一来，与全球化相伴随的实际上是发达国家与第三世界国家间的二元结构，以及世界劳动分工的等级体系和国家间劳动与收入的巨大不平衡。哈维将其定义为“不平衡地理发展”。在案例二阿帕拉契亚矿业小镇环境改善、案例三旧金山制造业向金融消费业产业转型的同时，环境的污染、低廉、辛苦的劳动密集型产业实际上是被转移到了第三世界国家。这种对污染向第三世界国家的转移是案例中美国地方地用变更得以进行，当地经济得以继续盈利的基本条件。因此，在当今资本全球化的阶段，世界商品生产与交换体系通过对第三世界国家资源、能源、劳动力，以及生态环境的剥夺等方式，得以运行，同时掩盖了美国一些城市成功产业转型背后的秘密。

最后，本书对案例从三个维度方面的分析，所采纳的这三个分析体系分别侧重于社会文化的考量、政治领域中的权力考量以及经济领域中的资本和利益等，所得出的结论也呈现出多彩的面貌。可见社会政策及其对城市的影响是复杂的，以不同的时间尺度和地理空间来丈量，结论并非是单纯的好坏之分。而更多的时候又往往牵一发而动全身。这对我国目前解决自身的城市问题颇具警示：一是要找到适合自身的解决办法，而非盲目认为外来的就是先进的；二是对问题的看法及解决要放到更长的历史时空中去，多维度地看待事物发展的因果，结论很可能有所不同。因此，城市的政策制定需要十分审慎，因为城市作为一个综合、复杂体，各种矛盾、利益相交织，如果仅将目光集中于某一单一问题的解决，很可能在政策施行的过程中遇到众多变数，并带来更多的问题。

参考文献

一、著作

（一）英文

1. Crenson, M. , The Unpolitics of Air Pollution, Baltimore, Md: Johns Hopkins University Press, 1971.

2. Casells, M. , The City and the Grassroots, London: Edward Arnold, 1983.

3. Shorter Oxford English Dictionary on Historical Principles, Oxford: Oxford University Press.

4. Harvey, D. , The Condition of Postmodernity, Malden: Blackwell Publishing, 1990.

5. Lukes, S. ,: Power: A Radical View, NY: New York University Press, 1986.

6. Harvey, D. , Social Justice and the City, Baltimore: Johns Hopkins University Press, 1973.

7. Mumford, L. , The City in History, San Diego: Harcourt, Inc. , 1961.

8. Williams, R. , Keywords, New York: Oxford University Press, 1983.

9. Rhodes R. W. , Understanding Governance, Policy Networks, Governance, Reflexivity and Accountability, Buckingham: Open University Press, 1997.

10. U. S. Bureau of the Census, Historical Statistics of the United States, Colonial Times to 1957, Washington D. C.

11. Schlesinger, A. , The Rise of the City, 1878 ~ 1898, New York: Macmillan, 1941.

12. Hirst, P. & Thompson, G. , Globalization in Question, Cambridge: Polity Press.

13. Cronon, W. , Nature's Metropolis: Chicago and the Great West, New York: W. W. Norton & Company, 1991.

14. Batteau, A. W. , The Invention of Appalachia, Tucson: University of Arizona Press, 1990.

15. Dorsey, C. , Southern West Virginia and the Struggle for Modernity, North Carolina: McFarland & Company, Inc. , Publishers, 2012.

16. Lewis, R. L. , Transforming the Appalachian Countryside: Railroads, Deforestation, and Social Change in West Virginia 1880 ~ 1920. Chapel Hill: University of North Carolina Press, 1998.

17. Hofstadter, R. , The American Political Tradition and the Men Who Made it, New York: Vintage Books, 1989.

18. Shifflett, C. A. , Coal Towns: Life, Work, and Culture in Company Towns of Southern Appalachia, 1880 ~ 1960, Knoxville: University of Tennessee Press, 1991.

19. Pepper, C. M. , The Life and Times of Henry Gassaway Davis 1823 ~ 1916, New York: Century, 1920.

20. McGrill, N. , The Welfare of Children in the Bituminous Coal Mining Communities of West Virginia, 1923, Department of Labor, Washington, D. C. : U. S. Government Printing Office, 1923.

21. Lunt, R. D. , Law and Order vs. the Miners, West Virginia, 1906 ~ 1933. Charleston, WV: Appalachian Editions, 1992.

22. U. S. Senate, Hearings Before a Subcommittee of the Committee on Education and Labor. Conditions in the Paint Creek District, West Virginia, 63rd Congress, 1st Session, Parts Ⅰ, Ⅱ and Ⅲ, 1913.

23. Dix, K. , What's a Coal Miner to Do? The Mechanization of Coal Mining. Pittsburgh, PA: University of Pittsburgh Press, 1988.

24. Bailey, K. , "A Judicious Mixture: Negroes and Immigrants in the West Virginia Mines 1880 ~ 1917," In Turner, W. H. and Cabbell, E. J (eds.) Blacks in Appalachia, Lexington: University Press of Kentucky, 1985.

25. Bluefield Daily Telegraph, July 24, 1912, September 3, 1912.

26. Thomas, J. B. , An Appalachian New Deal: West Virginia in the Great Depression. Lexington: University Press of Kentucky, 1998.

27. Fainsod et al. , Government and the American Economy.

28. Gunther, B. , Instant Cities: Urbanization and the Rise of San Francisco and Denver, New York: Oxford University Press, 1975.

29. Scott, M. , The San Francisco Bay Area: a Metropolis in Perspective. Berkeley: University of California Press, 1985.

30. Bradbury, M. & McFarlane, J. , Modernism, 1890 ~ 1930. Harmondsworth, 1976.

31. Hartman, C. , The Transformation of San Francisco, NY: Rowman & Allanheld, 1984.

32. A Report Recommending Designation f Two Redevelopment Areas under the Provisions of the California Redevelopment Act, San Francisco, 1954.

33. Rubin, J. , A Negotiated Landscape, Chicago: University of Chicago Press, 2011.

34. Harbors and Navigation Code Amendments.

35. Northern Waterfront Plan, Regulation 2.

36. Pereira, W. L. and Associates, Planning Study: Ford Urban Dealership San Francisco, San Francisco, 1969.

37. "U. S. Steel proposal for development between the Bay Bridge and the Ferry Building", San Francisco Chronicle, December 13, 1969.

38. Shorter Oxford English Dictionary on Historical Principles, Oxford: Oxford University Press.

39. U. S. Bureau of the Census, Historical Statistics of the United States, Colonial Times to 1957, Washington D. C. , 1960.

40. Jones, E. , Metropolis: The World's Great Cities. Oxford: Oxford University Press, 1990.

41. Men of West Virginia, Chicago: Biographical Publishing Co. , 1903, Vol. 1.

42. Pepper, C. M. , The Life and Times of Henry Gassaway Davis 1823 ~ 1916,

New York：Century，1920.

43. Bluefield Daily Telegraph，July 24，1912，September 3，1912.

44. Lunt，R. D.，Law and Order vs. the Miners，West Virginia，1906 ~ 1933. Charleston，WV：Appalachian Editions，1992.

45. Board of State Harbor Commissioners（BHSC）.

46. A Report Recommending Designation f Two Redevelopment Areas under the Provisions of the California Redevelopment Act，San Francisco，1954.

47. Northern Waterfront Plan，Regulation 2.

48. "U. S. Steel proposal for development between the Bay Bridge and the Ferry Building"，San Francisco Chronicle，December 13，1969.

49. San Francisco Planning Department，Studies in the Economy of Downtown San Francisco，San Francisco，1963.

（二）中文

50. 罗伯特·文丘里著，周卜颐译．建筑的复杂性与矛盾性（中译本）. 中国水利水电出版社，2006.

51. 柯善咨．关于建立南京大学城市与区域规划学系的请示报告．2002.

52. 杰奥瓦尼·阿瑞吉著，姚乃强、严维明、韩振荣译．漫长的 20 世纪．江苏人民出版社，2001.

53. 周琪，袁征．美国的政治腐败与反腐败．中国社会科学出版社，2009.

54. 美国第四巡回上诉法庭，俄亥俄州山谷教育联盟诉布伦案，反对意见：编号 No. 04 –2129，CA –03 –2281 –3.

55. 西弗吉尼亚南部地区区域法庭 OVEC 诉 USACE 案，民事诉讼 No. 3：08 –0979 号，2009 年 1 月 24 日．

56. 王旭．美国城市发展模式——从城市化到大都市区化．清华大学出版社，2006.

57. 埃里克·方纳著，王希译．美国自由的故事．商务印书馆，2003.

58. 黄平. 中国社科院美国研究所"社会科学分析理论框架"课程讲座，2013 年 4 月 26 日.

59. 柯善咨．关于建立南京大学城市与区域规划学系的请示报告. 2002.

60. 米歇尔·福柯著，刘北成、杨远婴译．规训与惩罚．生活·读书·新知三联书店，2012 年修订本.

61. 马克思．政治经济学批判．导言.

62. 马克思．路易·波拿巴的雾月十八日．1851.

63. 黄琳．近代西方权力观的演变与启示——从马基雅弗利到卢梭. 查自：罗布特·达尔著，王沪宁、陈峰译：《现代政治分析》，上海译文出版社，1987.

64. 大卫·哈维著，黄煜文译．巴黎城记——现代性之都的诞生. 广西师范大学出版社，2010.

65. 大卫·哈维著，王钦译．新自由主义简史．上海译文出版社，2010.

66. 黄平. 中国社科院美国研究所“社会科学分析理论框架”课程讲座，2013 年 4 月 26 日.

67. 刘莉．中国新石器时代（迈向早期国家之路）．文物出版社，2011.

68. 周琪、袁征．美国的政治腐败与反腐败．中国社会科学出版社，2009.

69. 罗伯特·福德尔森．下城（中译本）. 上海人民出版社，2010.

70. 哈维著，初立忠、沈晓雷译．新帝国主义．社会科学文献出版社，2009.

71. 苏珊·斯特兰奇著，杨宇光译．国家与市场．上海人民出版社.

72. 杜正胜．周代城邦．联经出版公司，台北，1979.

73. 王旭．美国城市史．中国社会科学出版社，2000.

74. 港口与航海法案修正案，Harbors and Navigation Code Amendments.

二、期刊

75. 辛平．跨国关系与国家大战略．教学与研究，2005（9）.

76. 陈雪明．美国城市规划的历史沿革和未来发展趋势．国外城市规划，2003（4）.

77. 张雅琼，杨子生．我国两次土地资源调查的对比分析．国土资源科技管理，2013（2）.

三、网络资源

78. http：//www. doc88. com/p –082413688292. html

79. http：//www. doc88. com/p –594933354765. html

80. http：//www. docin. com/p –361846803. html

81. http：//ishare. iask. sina. com. cn/f/5564755. html? from = like&sudaref = www. baidu. com&retcode =0

82. http：//www. doc88. com/p –309813557609. html

83. http：//www. nber. org/data/industrial – production – index/ip – total. html

84. http：//www. ibisworld. com/industry/retail. aspx? indid =108&chid =7

85. http：//eh. net/encyclopedia/article/ransom. civil. war. us

86. http：//www. shepherd. edu/historyweb/faculty. html

87. http：//www. genealogybank. com/gbnk/newspapers/explore/USA/West_Virginia/

88. http://en. wikipedia. org/wiki/List_of_West_Virginia – related_topics

89. http://www. genealogybank. com/gbnk/newspapers/explore/USA/West_Virginia/

90. http://en. wikipedia. org/wiki/United_Mine_Workers_of_America

91. http://www. genealogybank. com/gbnk/newspapers/explore/USA/West_Virginia/

92. http://www. genealogybank. com/gbnk/newspapers/explore/USA/West_Virginia/

93. www. jstor. org/stable/3113575

94. http://en. wikipedia. org/wiki/United_Mine_Workers_of_America

95. http：//supreme. justia. com/us/245/229case. html

96. www. jstor. org/stable/3113575

97. http://en. wikipedia. org/wiki/Mary_Harris_Jones

98. www. jstor. org/stable/3113575

99. www. jstor. org/stable/3113575

100. http: //ilovemountains. org/resources

101. http://www. ohvec. org/galleries/mountaintop_removal/007/

102. http: //www. wvcoal. com/201012202467/2006 - coal - facts. html

103. http: //www. epa. gov/Region3/mtntop/

104. http: //www. epa. gov/Region3/mtntop/

105. http: //www. epa. gov/Region3/mtntop/

106. www. wvcoal. com

107. http://www. coalleader. com/2005/CEDAR_west_va_05. htm

108. www. friendsofcoal. org

109. http: //www. nrdc. org/globalWarming/coal/coalclimate. pdf

110. http: //en. wikipedia. org/wiki/United_ States_ Army_ Corps_ of_ Engineers

111. http: //www. nma. org/pdf/misc/112906_ nwp_ comments. pdf

112. http: //arri. osmre. gov

113. http: //www. sfcityguides. org/desc. html? tour = 100

114. http://baike. baidu. com/link? url = vNuZi4gkHsHm_cQkm4zS - hgzxx - KJ - cbAZVCjwITfpFw7FXwN4yt9_mannj5yRM1dHapRXr7UxRJ9 r4rmsn5khjgUZaXa WW67eB1uUfPRpYw9THclE1D28TvkV_iv - sl#3_1

115. http://www. ca. gov/Apps/SearchNew. aspx? search = Search + services% 2C + forms + and + information + in + your + area. &cx = 001779225245372747843% 3Amdsmtl_vila&cof = &ie = UTF - 8&submit. x = 24&submit. y = 25

116. http: //www. ca. gov/Apps/SearchNew. aspx? search = Search + services%2C + forms + and + information + in + your + area. &cx = 0017792252453727478 43%3Amdsmtl_ vila&cof = &ie = UTF - 8&submit. x = 24&submit. y = 25

117. http: //wenku. baidu. com/link? url = 2I - RjoHTQcUiU3ly0 - vKl8Ged1 MlSMYtrxcStZsWwl05No9fEFiCMe8B1w3Uc92U8NCKuy KIE9 VNBVOLpVXvHAPmg vwH2xN9S3p_ fnP2tme

118. http: //www. cnki. com. cn/Article/CJFDTotal - NFJZ 200405028. htm

119. http: //en. wikipedia. org/wiki/San_ francisco

120. http：//www. sfport. com/

121. http：//www. spur. org/

122. http：//www. ca. gov/

123. http：//www. oac. cdlib. org/findaid/ark：/13030/tf9j49p0gs/

124. http：//www. oac. cdlib. org/titles/s. html

125. http：//www. doc88. com/p－082413688292. html

126. http：//www. doc88. com/p－594933354765. html

127. http：//www. docin. com/p－361846803. html

128. http：//ishare. iask. sina. com. cn/f/5564755. html？ from = like&sudaref = www. baidu. com&retcode =0

129. http：//www. doc88. com/p－309813557609. html

130. http：//www. nber. org/data/industrial－production－index/ip－total. html

131. http：//www. ibisworld. com/industry/retail. aspx？ indid =108&chid =7

132. http：//eh. net/encyclopedia/article/ransom. civil. war. us

133. http：//www. shepherd. edu/historyweb/faculty. html

134. http：//www. genealogybank. com/gbnk/newspapers/explore/USA/West_ Virginia/

135. http：//en. wikipedia. org/wiki/List_ of_ West_ Virginia－related_ topics

136. http：//www. genealogybank. com/gbnk/newspapers/explore/USA/West_ Virginia/

137. http：//en. wikipedia. org/wiki/United_ Mine_ Workers_ of_ America

138. http：//www. genealogybank. com/gbnk/newspapers/explore/USA/West_ Virginia/

139. www. jstor. org/stable/3113575

140. http：//en. wikipedia. org/wiki/United_ Mine_ Workers_ of_ America

141. http：//supreme. justia. com/us/245/229case. html

142. www. jstor. org/stable/3113575

143. http：//en. wikipedia. org/wiki/Mary_ Harris_ Jones

144. www. jstor. org/stable/3113575

145. http: //ilovemountains. org/resources

146. http: //www. ohvec. org/galleries/mountaintop_ removal/007/

147. http: //www. wvcoal. com/201012202467/2006 – coal – facts. html

148. http: //www. epa. gov/Region3/mtntop/

149. http: //www. epa. gov/Region3/mtntop/

150. www. wvcoal. com

151. http: //www. coalleader. com/2005/CEDAR_ west_ va_ 05. htm

152. www. friendsofcoal. org

153. http: //www. nrdc. org/globalWarming/coal/coalclimate. pdf

154. http: //en. wikipedia. org/wiki/United_ States_ Army_ Corps_ of_ Engineers

155. http: //www. nma. org/pdf/misc/112906_ nwp_ comments. pdf

156. http: //arri. osmre. gov

157. http: //www. sfcityguides. org/desc. html? tour = 100

158. http://baike. baidu. com/link? url = vNuZi4gkHsHm_cQkm4zS – hgzxx – KJ – cbAZVCjwITfpFw7FXwN4yt9 _ mannj5yRM1dHap RXr7 UxRJ9r4rmsn5khjgUZ aXaWW67eB1uUfPRpYw9THclE1D28TvkV_iv – sl#3_1

159. http: //www. ca. gov/Apps/SearchNew. aspx? search = Search + services%2C + forms + and + information + in + your + area. &cx = 001779225245372747843%3Amdsmtl_ vila&cof = &ie = UTF – 8&submit. x = 24&submit. y = 25

160. http: //www. ca. gov/Apps/SearchNew. aspx? search = Search + services%2C + forms + and + information + in + your + area. &cx = 001779225245372747843%3Amdsmtl _ vila&cof = &ie = UTF – 8&submit. x = 24&submit. y = 25

161. http: //wenku. baidu. com/link? url = 2I – RjoHTQcUiU3ly0 – vKl8Ged1MlSMYtrxcStZsWwl05No9fEFiCMe8B1w3Uc92U8NCKuyKl E9VNBVOLpVX vHAPmgvwH2xN9S3p_ fnP2tme

162. http://www. cnki. com. cn/Article/CJFDTotal – NFJZ 200405028. htm

163. http: //en. wikipedia. org/wiki/San_ francisco

164. http：//www. sfport. com/

165. http：//www. ca. gov/

166. http：//www. oac. cdlib. org/findaid/ark：/13030/tf9j49p0gs/

167. http：//www. oac. cdlib. org/titles/s. html

四、一手档案资料

168. Charles I. Jones & Peter J. Klenow：Beyond GDP：Welfare across Country and Time，查自 http：//www. doc88. com/p－082413688292. html. 2012 年 8 月 19 日登陆。

169. 美国城市政府行政管理模式，查自 http：//www. doc88. com/p－594933354765. html，2013 年 12 月 1 日登陆。

170. Kevin Fox Gotham，the Secondary Circuit of Capital Reconsidered：Globalization and the U. S. Real Estate Sector，Chicago，American Journal of Sociology，Volume 112，No. 1，2006，查自 http：//www. doc88. com/p－309813557609. html，2013 年 12 月 20 日登陆。

171. Industrial Production Index，National Bureau of Economic Research，查自 http：//www. nber. org/data/industrial－production－index/ip－total. html。2013 年 7 月 4 日登陆。

172. Coal Mining Industry Report，IBISWorld，查自 http：//www. ibisworld. com/industry/retail. aspx？ indid＝108&chid＝7。2013 年 7 月 4 日登陆。

173. Nicholas Chronicle. Summersville，West Virginia，April 20th－May 20th，1881. 查自 West Virginia Newspaper Archives：http：//www. genealogybank. com/gbnk/newspapers/explore/USA/West_Virginia/。2013 年 7 月 4 日登陆。

174. McDowell Times，May 20，1909. 查自 West Virginia Newspaper Archives：http：//www. genealogybank. com/gbnk/newspapers/explore/USA/West_ Virginia/。2013 年 7 月 5 日登陆。

175. Nicholas Chronicle，April 22，May 20，and October 13，1881. 查自 West Virginia Newspaper Archives：http：//www. genealogybank. com/gbnk/newspapers/explore/USA/West_ Virginia/。2013 年 8 月 20 日登陆。

176. Hoyt N. Wheeler, "Mountaineer Mine Wars: an Analysis of the West Virginia Mine Wars of 1912 – 1913 and 1920 – 1921," the Business History Review, 50, No. 1, 1976. 查自 www. jstor. org/stable/3113575。2013 年 8 月 25 日登陆。

177. Hitchman Coal and Coke Co,. vs. Mitchell, U. S. Supreme Court, 245 U. S. 229 (1917), 查自 http: //supreme. justia. com/us/245/229case. html。2013 年 8 月 27 日登陆。

178. 西弗吉尼亚地区的开山情况, 查自: http: //ilovemountains. org/resources。2013 年 9 月 5 日登陆。

179. 查自: http: //www. wvcoal. com/201012202467/2006 – coal – facts. html。2013 年 9 月 5 日登陆。

180. 美国环保局 (EPA) 网站 "Mid – Atlantic Mountaintop Mining", 查自 http: //www. epa. gov/Region3/mtntop/, 2013 年 10 月 2 日登陆。

181. Gregory J. Pond, Margaret E. Passmore, Frank A. Borsuk, Lou Reynolds, and Carole J. Rose, " Downstream Effects of Mountaintop Coal Mining: Comparing Biological Conditions Using Family – and Genus – level Macroinvertebrate Bioassessment Tools," Journal of North American Benthological Society, 27, No. 3, 274. 查自美国环保局网站 http: //www. epa. gov/Region3/mtntop/, 2013 年 10 月 2 日登陆。

182. 1992 年到 2002 年间, 西弗吉尼亚有采煤量, 查自 www. wvcoal. com, 2013 年 10 月 7 日登陆。

183. 煤炭教育发展与资源组织在 2001 ~ 2005 年间情况, 查自 http: //www. coalleader. com/2005/CEDAR_ west_ va_ 05. htm, 2013 年 10 月 7 日登陆。

184. 煤炭之友网站的活动宗旨, 查自 www. friendsofcoal. org, 2013 年 10 月 7 日登陆。

185. 布莱格诉罗伯森案 (Bragg v. Robertson), NRDC 报告, 2012 年 7 月, 查自 http: //www. nrdc. org/globalWarming/coal/coalclimate. pdf, p. 20 – p. 23, 2012 年 9 月 22 日登陆。

186. 美国陆军工程师团, United States Army Corps of Engineers, 是隶属于美国联邦政府和美国军队的公共工程、设计和建筑管理机构, 更多详细介绍参见

http：//en. wikipedia. org/wiki/United_ States_ Army_ Corps_ of_ Engineers。

187. 俄亥俄州山谷教育联盟诉布伦案（OVEC v. Bulen），查自 http：//www. nma. org/pdf/misc/112906_ nwp_ comments. pdf，2012 年 9 月 22 日登陆。

188. 美国第四巡回上诉法庭，俄亥俄州山谷教育联盟诉布伦案，反对意见：编号 No. 04 －2129，CA －03 －2281 －3。

189. 西弗吉尼亚南部地区区域法庭 OVEC 诉 USACE 案，民事诉讼 No. 3：08 －0979 号，2009 年 1 月 24 日。OVEH 诉 USACE 案查自 http：//arri. osmre. gov. ，2013 年 10 月 7 日登陆。

190. 旧金山中心码头历史景区 Fort Mason Historic District 中所展示的旧金山历史介绍，查自 http：//www. sfcityguides. org/desc. html？ tour =100。2013 年 12 月 20 日登陆。

191. 关于 Ports of San Francisco Bay 基本状况，查自 http：//www. ca. gov/Apps/SearchNew. aspx？ search = Search + services%2C + forms + and + information + in + your + area. &cx =001779225245372747843%3Amdsmtl_ vila&cof = &ie = UTF －8&submit. x =24&submit. y =25。2013 年 12 月 27 日登陆。

192. 关于旧金山港口的基本状况，查自 http：//www. sfport. com/。2014 年 1 月 4 日登陆。

193. 关于旧金山城市研究协会（SPUR）的基本状况，查自 http：//www. spur. org/。2014 年 1 月 6 日登陆。

194. State of California，Ports of San Francisco Bay，115，http：//www. ca. gov/。2014 年 1 月 18 日登陆。

195. “Inventory of the San Francisco Building & Construction Trades Council Records，1907 ~ 1986”，查自 http：//www. oac. cdlib. org/findaid/ark：/13030/tf9j49p0gs/。2014 年 1 月 17 日登陆。

196. 旧金山海港区历史档案资料，http：//www. oac. cdlib. org/titles/s. html。2014 年 1 月 17 日登陆。

五、学位论文

197. Davis，C. P. ，“the Impact of the Coal Industry on McDowell County，West

Virginia". Master's thesis, San Jose State University, 1997.

198. Lawrence, R. G., "Appalachian Metamorphosis: Industrializing Society on the Central Plateau, 1860 – 1913." Ph. D. dissertation, University of Kentucky, 2000.

199. Bailey R.,: "Matewan Before the Massacre: Politics, Coal, and the Roots of Conflict in Mingo County, 1793 – 1920." Ph. D. dissertation, University of North Texas, August 1994.

200. Loughry, A. H., "Don't Buy Another Vote. I Won't Pay for a Landslide: the Sordid and Continuing History of Political Corruption in West Virginia." Ph. D. dissertation, American University, 2003.

201. Tudiver, S. L., "Political Economy and Culture in Central Appalachia: 1790 ~ 1977". Ph. D. dissertation, University of Michigan, 1984.

202. Griffith, A. J., "the Life Cycle of a Coal Town: Widen, West Virginia, 1911 ~ 1963". Master's thesis, West Virginia University, 2003.

203. Cahill, K., "Fertilizing the Weeds: the New Deal's Rural Poverty Program in West Virginia." Ph. D. dissertation, Marshall University, August 2009.

204. McGaha, E. C., "An Examination of Post Welfare Hardship in West Virginia." Ph. D. dissertation, Marshall University, 2002.

205. Shirley L. Stewart Burns, "Bringing Down the Mountains: the Impact of Mountaintop Removal Surface Coal Mining on Southern West Virginia Communities, 1970 ~ 2004." Ph. D. dissertation, West Virginia University, 2005.

206. McNeil, B. T., "Searching for the Home Where Mountains Move: the Collision of Economy, Environment, and an American Community." Ph. D. dissertation, University of North Carolina at Chapel Hill, 2005.